주말 황금연휴
일본어
혼자서 끝내기
일본어공부기술연구소 저
2단계

내가 나에게 하는
'깨뜨릴 수 없는' 약속

Certificate of Unbreakable Resolution

나는 내 인생의 행로에

일본어가 꼭 필요하다는 것을 믿습니다.

그래서 나는 다짐합니다.

「주말 황금연휴 일본어 혼자서 끝내기」 2단계를

수행하는데 어떤 어려움이 닥치더라도

결코 굴하지 않고 내 혼신의 힘을 다해

반드시 목표를 성취하고야 말겠습니다.

200 .   .   .

서약인 ___________________________

'일본어 성공'으로 가는 탄탄대로가 여기 활짝 열려 있습니다.

여기 '일본어 성공'으로 가는 길을 활짝 열어 놓았습니다.
일본어 학습 성공을 위한 4단계 전략 「주말 황금연휴 일본어 혼자서 끝내기」.

'미쳐야 미친다'는 말이 있습니다. 한자로는 불광불급(不狂不及)이라 하는데
어떤 일이든 혼신의 힘을 다해야 겨우 목표에 도달할 수 있다는 뜻입니다.

일본어가 바로 그렇습니다. '일본어 하나쯤 해야지' 하는 사람은 많은데
실제로 '저는 일본어 웬만큼 됩니다' 하시는 분은 그리 흔치 않습니다.

도대체 왜 그런 것일까요?
개개인으로 보면 공부를 꾸준히 해나가지 않았다는 것이 될 수 있겠고
방법론으로 보면 그 공부방법에서의 문제점을 지적할 수도 있겠습니다.

공부에 미쳐야 합니다. 한번쯤 미쳐 보아야 합니다.
저희 「주말 황금연휴 일본어 혼자서 끝내기」가 안내하는 대로 4단계만 확실하게 미쳐 보십시오.

"아아 일본어는 이렇게 하는 거구나" 제대로 배우시게 됩니다.
"하하 나도 이제 일본어 된다" 당신도 '일본어 재미' 알게 됩니다.

「주말 황금연휴 일본어 혼자서 끝내기」로 새롭게 시작하십시오.
「주말 황금연휴 일본어 혼자서 끝내기」가 당신을 '확실한 일본어 성공'의 길로 안내하겠습니다.

수업의 교재로 공부하는 분께

이번에는 끝내고야 말겠다!! 굳게 결심해야 합니다.

일본어 학습 성공을 위한 4단계 전략 「주말 황금연휴 일본어 혼자서 끝내기」는 교육효과가 입증된
매우 획기적인 프로그램입니다.
일본어, 반드시 정복하겠다! 어금니 꽉 물고 '일본어 성공'을 시작하십시오.

예습과 복습이 당신의 '일본어 성공'을 앞당겨 줍니다.

당신이 '일본어 성공'을 위해 투자할 것은 피와 땀과 눈물, 그리고 시간입니다.
그 시간을 위해 당신의 어떤 시간을 잘라 버릴지는 당신이 결정해야겠군요.

시간 나는 대로 '동영상', 장소 가리지 말고 CD 듣기.

자투리 시간을 아껴 쓰세요. 시간 날 때마다 '인터넷 강의'를 반복해 들어보세요.
교통수단 이용하실 때는 '언제나 CD'. 원어민의 발음에 익숙해지셔야 합니다.

혼자 일본어 독학하려는 분께

뭔가 공부하거나 배우려 할 때, 누가 옆에서 가르쳐 주면 그게 가장 빠릅니다.
그게 바로 수천년 인류역사가 입증하고 있는 '학교식 공부 시스템'이죠.
하지만 여러 개인적인 사정으로 현장수업을 받을 수 없는 사람도 있습니다.
이런 분은 현장수업의 혜택을 스스로의 노력으로 메꾸어 나가야 되겠죠.
저희는 당신께 「주말 황금연휴 일본어 혼자서 끝내기」의 '인터넷 강의'를 강력 추천합니다.
대한민국 최고의 일본어 강사가 당신의 '일본어 성공'을 채찍질 해줍니다.

본 프로그램의 특징

「주말 황금연휴 일본어 혼자서 끝내기」는 초중급 일본어의 문법과 문형, 어휘를 개괄적으로 파악함과 동시에, 기초과정에서 배우는 일본어문법을 교재를 통해 독학으로 한번, 인터넷 강의를 통해 선생님과 함께 다시 한번 익히면서 단계적으로 일본어 능력을 향상시키는 프로그램입니다.

「주말 황금연휴 일본어 혼자서 끝내기」의 인터넷 강의는 혼자 공부하시는 분과 수업을 통해 단체로 공부하시는 분들이 쉽고 빠르게 공부할 수 있도록 만든 프로그램입니다. 일본어를 제대로 익히기 위해서는 취약한 부분을 지속적으로 점검해주는 트레이닝이 필요합니다. 본 프로그램의 인터넷 강의를 통해 배운 내용을 리뷰하고, 약점을 점검하면 자연스럽게 일본어가 훈련됩니다.

「주말 황금연휴 일본어 혼자서 끝내기」의 4단계 프로그램만 충실히 따라오시면 4개월만에 일본어가 술술 나옵니다!

인터넷 강의

앞서 말씀드린 대로 본 프로그램은 교육의 효과를 최대한 끌어올리고자 온라인과 오프라인을 아우르는 시스템을 갖추고 있습니다. 일본어 달인의 인터넷 강의는 총 80강의 짜임새있게 구성된 교육 과정으로, 충실한 내용 구성을 위하여 한 과를 파트1, 2로 나누어, 30분 내외의 재미있고 신나는 일본어 설명으로 꽉 채웠습니다. 선생님의 상세한 설명과 함께 네이티브들의 생생한 회화, 쉽고 명확한 문법 설명, 연습문제 풀이까지 이 인터넷 강의 하나만으로도 일본어 학습, 문제없습니다!

「주말 황금연휴 일본어 혼자서 끝내기」의 유료 동영상 강의는 www.langpl.com에서 보실 수 있습니다

시사일본어학원 일본어 전문강사
김희성 _1,2단계

"제대로 된 기초공사,
선생님과 함께해요"

한국외국어대학교 일본어과 강사
조수진 _3,4단계

"일본어로 꿈꾸는 그날까지"

RTS 시스템

본 프로그램은 기존 교재와의 차별성을 갖기 위해 오디오 CD에 RTS시스템을 도입했습니다.
RTS란

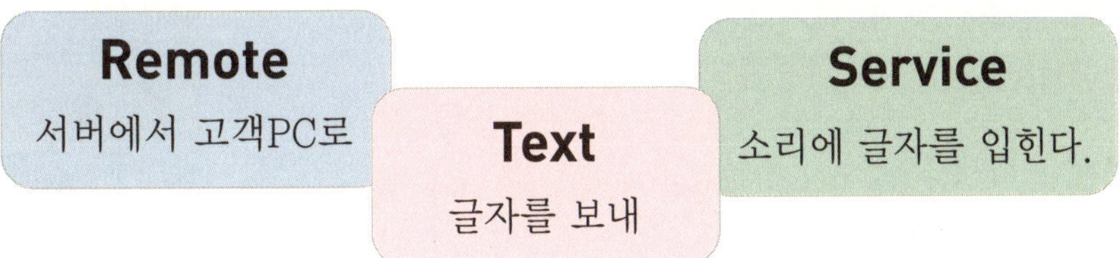

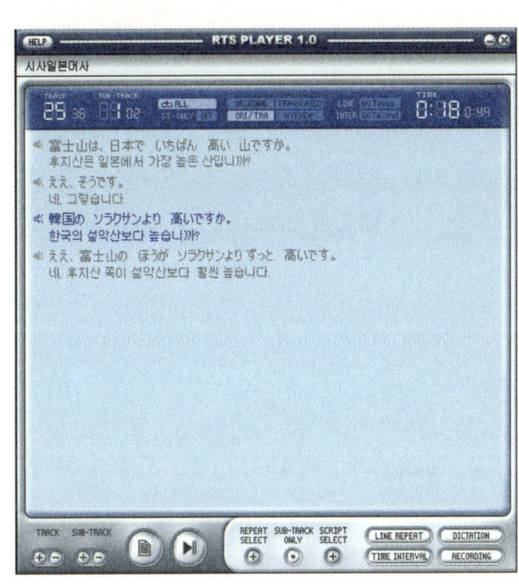

라는 뜻입니다. 쉽게 말해 여러분 PC의 CD드라이브에 탑재된 오디오 CD 소리에 맞추어 서버에서 글자를 내려보내 캡션응용기능을 구현하는 것입니다.

RTS는 외국어 학습에 유용한 다양한 캡션응용기능을 실시간으로 구현함으로써, 단순 소리전달 매체인 오디오 CD를 효과적인 어학학습도구로 탈바꿈시켜 강력한 Listening Trainer로 활용하도록 해주는 첨단서비스입니다.

– RTS 샘플예 –

RTS 작동방법

1) RTS홈페이지(www.rtscd.com)에서 회원으로 가입합니다.
2) 「주말 황금연휴 일본어 혼자서 끝내기」의 오디오 CD를 PC에 삽입합니다.
3) PC에서 오디오 CD를 구동하기 위해 미디어플레이어가 실행되면 이 미디어플레이어를 종료합니다.
4) RTS홈페이지(www.rtscd.com)에서 「주말 황금연휴 일본어 혼자서 끝내기」를 검색합니다.
5) 검색된 「주말 황금연휴 일본어 혼자서 끝내기」의 RTS Play버튼을 클릭하면 RTS Player가 실행됩니다.

전체 구성

1권

자기소개, 지시대명사의 활용 및 イ형용사·ナ형용사의 특징, 조수사, 사물의 존재 표현, 가족 호칭, 동사의 과거형과 동사 활용 등을 배웁니다.

2권

イ형용사·ナ형용사의 과거, 희망 표현(〜がほしい, 〜たい), 동사의 て형, 허가·금지 표현(〜てもいいです, 〜てはいけません) 보통체 등을 배웁니다.

3권

전문(伝聞)·양태(様態)의 そうだ, 권유 표현(〜たほうがいい) 가정 조건(〜ば, 〜と, 〜たら, 〜なら), 가능 표현(〜ことができる) 등을 배웁니다.

4권

시점을 나타내는 표현(〜ところ), 동사의 의지형(〜(よ)う), 수수동사(もらう, あげる, くださる, いただく 등), 동사의 수동형(〜れる／られる), 동사의 사역형(〜せる／させる), 존경표현(いらっしゃる 등), 겸양표현(おる 등) 등을 배웁니다.

본 교재의 구성

학습목표

그 과에서 배울 기본 문법과 문형을 간략히 소개했습니다.

Warming up

본문에 사용된 신출 한자와 가타카나를 소개했습니다.

회화 술술 말하기

본문은 각 과의 학습 사항을 도입했습니다.
1과~10과까지는 모든 한자에, 2권 1과 이후에는 신출·기출을 불문하고 그 과에서 처음 나오는 한자에 읽기(루비)를 달았습니다.

단어 쏙쏙 익히기

단어 풀이는 본문의 신출 단어를 실었습니다. 「일본어능력시험 3·4급」 출제기준 단어에는 *를 붙였으며, 다음과 같은 약어를 사용하였습니다.

〔イ형〕	イ형용사(형용사)	〔동1〕	1그룹 동사(5단동사)
〔ナ형〕	ナ형용사(형용동사)	〔동2〕	2그룹 동사(상1단동사·하1단동사)
〔인〕	인명	〔동3〕	3그룹 동사(변격 동사)
〔지〕	지명		

문법 꽉꽉 다지기

문법 설명과 예문을 통해 그 과의 학습 사항을 확인, 연습할 수 있습니다. 본문과 마찬가지로 1과~10과까지는 모든 한자에, 2권 1과 이후에는 신출 · 기출을 불문하고 그 과의 문법 꽉꽉 다지기에서 처음 나오는 한자에 읽기를 달았습니다.

실력 팍팍 키우기

연습 문제를 통해 핵심 표현을 익힙니다. 그 과의 내용을 이해했다면 어렵지 않게 풀 수 있는 문제로 구성되어 있습니다. 또한 CD를 듣고 받아쓰는 문제를 통해 듣기 훈련을 할 수 있습니다.

문법 플러스

그 과에서 형용사가 나왔으면 서로 반대되는 형용사, 가족 관계가 나왔으면 가족 호칭 등, 주로 초급에서 다뤄야 할 관련 어휘를 소개했습니다.

일본 확 다가가기

すみません, どうぞ, どうも, 인체관용구, 속담관용구 등의 학습 사항을 통해 실력 향상을 꾀하는 한편 전반적으로 일본과 관련있는 사항을 다루어 일본과 일본어에 대한 관심을 높일 수 있도록 하였습니다.

J/a/p/a/n Information

가깝고도 먼 나라인 일본을 바로 알기 위해 일본의 정보를 상세하고 재미있게 설명해 놓았습니다.

Contents | 차례

01 遊びに　行きませんか　　13

놀러 가지 않겠어요?

- ▶ 상태동사
- ▶ 동사의 중지법
- ▶ (〜)に　行く／(〜)に　する

02 良かったですね。　　23

다행이군요.

- ▶ イ형용사의 과거형
- ▶ ナ형용사의 과거형

03 世界旅行が　したいです。　　35

세계 여행을 하고 싶습니다.

- ▶ 〔명〕が　ほしい
- ▶ 〔동〕たい
- ▶ 〔명〕に　なる／〔ナ형〕に　なる

04 地図を　見て　ください。　　45

지도를 보세요.

- ▶ 〔동〕て형
- ▶ 〔동〕て　ください
- ▶ 〔명〕て、〔동〕て、ください

05 たばこを　吸って　います。　　57

담배를 피우고 있습니다.

- ▶ 〔동〕て　います
- ▶ 〔동〕ながら

01

遊びに　行きませんか。

놀러 가지 않겠어요?

주요 문법내용

▶ 상태동사
▶ 동사의 중지법
▶ (〜)に　行く／(〜)に　する

A : 疲^{つか}れましたね。 この へんで 休憩^{きゅうけい}し、 お昼^{ひる}に
　　　피곤하군요.　　　　　　이　 쯤에서　 휴식하고,　 점심먹으러

行^いきましょう。
　　갑시다.

B : ええ、 ちょうど お腹^{なか}も すきました。
　　네,　　　마침　　　배도　　　고프군요.

行きましょう。
　　갑시다.

A : やまださんは 何^{なに}に しますか。
　　야마다 씨는　　　뭘로　 하겠어요?

B : きょうは ソルロンタンに します。
　　오늘은　　　　 설렁탕으로　　　 하겠습니다.

---

* 疲れる(つかれる) [동2] 피곤하다
* へん(辺) ① 쯤, 정도 ② 부근, 근방
  休憩(きゅうけい) 휴게, 휴식

~し ~하고
お昼(おひる) 점심, 점심 때
~に ~하러 ◀동작성 명사+に

A：じゃ、この　近(ちか)くの　おいしい　ソルロンタンの
　　　　　그럼　　　　이　　근처의　　　맛있는　　　　설렁탕

店(みせ)へ　行きましょう。
　가게로　　　　　　갑시다.

* **お腹(おなか)** 배
お腹が　すく 배가 고프다
やまだ [인] 야마다 ◀일본인의 성

何に　しますか 무엇으로 하겠습니까? ◀선택, 결정
ソルロンタン 설렁탕
* **近く(ちかく)** 근처

A : 来月、 5日間の 連休が ありますね。
다음 달에　　5일간의　　연휴가　　있군요.

どうですか。 どこか 遊びに 行きませんか。
어때요?　　어디　　놀러　　가지 않겠어요?

B : すみません。 約束が あります。
미안합니다.　　약속이　　있어요.

日本から 友達が 来る 予定です。
일본에서　　친구가　　올　　예정이에요.

A : そうですか。 じゃ、 お友達と どこか 旅行にでも？
그래요?　　그럼,　　친구분이랑　　어디　　여행이라도?

B : ええ。 まず キョンジュ(慶州)へ 行き、 その
네,　　우선　　경주에　　가고,　　그

後 チェジュド(済州島)へも 行く 予定です。
다음에　　제주도에도　　갈　　예정이에요.

A : うらやましいですね！
부럽군요.

* 来月(らいげつ) 다음 달	* 約束(やくそく) 약속
5日間(いつかかん) 5일간	* 来る(くる) [동3] 오다
連休(れんきゅう) 연휴	* 旅行(りょこう) 여행
どこか 어딘가, 어디	～にでも ～이라도 ◀ に+でも
* 遊ぶ(あそぶ) [동1] 놀다	キョンジュ(慶州) [지] 경주
～に ～하러 ◀ 동작을 나타내는 동사의 ます형+に	チェジュド(済州島) [지] 제주도
すみません 미안합니다	うらやましい [イ형] 부럽다

01 상태를 나타내는 동사 표현

- 「疲れました」의 「～ました」는 과거가 아니라, 현재의 상태를 나타낸다. 즉 앞의 어느 시점에서 피곤해져서 그 상태가 현재에 이르는 것이다.

- '배가 고프다, 목이 마르다' 라는 표현도 항상 과거형으로 말한다.

疲れました。 피곤해요.

お腹が すきました。 お昼を 食べましょう。
배가 고파요. 점심을 먹읍시다.

のどが 渇きました。 お茶でも 飲みませんか。
목이 말라요. 차라도 마시지 않겠어요?

02 〔動〕ます형、 ～고, ▶중지법

- 「休憩し、～」는 중지법으로 사용되었다. 중지법은 말을 일단 중지했다가 다시 계속하는 용법으로, 동사의 ます형에 쉼표(、)를 붙인다.

休憩し、 お昼に 行きましょう。 휴식하고, 점심 먹으러 갑시다.

歯を みがき、顔を 洗います。 이를 닦고, 세수를 합니다.

11時まで 勉強を し、12時に 寝ます。
11시까지 공부를 하고, 12시에 잡니다.

03 동작성 〔名〕＋ に 行く（来る・出かける）。 ～하러 가다(오다 · 나가다).

- 여행, 출장 등 행동을 나타내는 명사를 '동작성 명사' 라고 한다. 이 동작성 명사에 「に」를 붙이면 그 행동이 목적이 됨을 나타낸다.
- 우리말은 '여행을 간다, 출장을 간다' 라고 하지만, 일본어는 '을/를' 에 해당하는 「を」 대신 조사 「に」를 사용한다.

お昼に　行きましょう。　점심 먹으러 갑시다.

旅行に　来ます。　여행을 옵니다.

買い物に　出かけました。　쇼핑하러 나갔습니다.

04　〔동〕ます형＋に　行く(来る・出かける)。　　　~하러 가다(오다・나가다).

- 「遊びに　行きます」처럼 동사의 ます형에 「に」를 붙여서 그 동작이 목적이 됨을 나타낸다.

遊びに　行きませんか。　놀러 가지 않겠어요?

飲みに　行きましょう。　(한잔) 마시러 갑시다.

日本語を　勉強しに　来ました。　일본어를 공부하러 왔습니다.

05　何(いつ・どこ・だれ)に　しますか。　무엇(언제・어디・누구)으로 하겠습니까?　▶선택・결정

- 「～に　する」는 선택이나 결정을 할 때 쓰는 말로, '~으로 하다'라는 뜻이다. 대답은 「～に　します」로 하면 된다.

お昼は　何に　しますか。　점심은 뭘로 하겠습니까?

－ ソルロンタンに　します。　설렁탕으로 하겠습니다.

飲み物は　何に　しますか。　음료수는 뭘로 하겠습니까?

－ オレンジ・ジュースに　します。　오렌지 주스로 하겠습니다.

旅行は　どこに　しますか。　여행은 어디로 하겠습니까?

－ チェジュドに　しましょう。　제주도로 합시다.

会議は　いつに　しますか。　회의는 언제로 하겠습니까?

－ 水曜日の　朝に　します。　수요일 아침으로 하겠습니다.

- 「近く」는 「近い」라는 イ형용사에서 만들어진 명사이다. 이렇게 명사를 만들 수 있는 것은 「近い」, 「遠い」, 「多い」 세 개뿐이다.

　　　近くの　店へ　行きましょう。　근처 가게로 갑시다.

　　　　　[近い (가깝다) ➡ 近く (근처)]

　　　会社の　近くに　病院が　あります。　회사 근처에 병원이 있습니다.

　　　遠くへ　行きました。　먼 곳에 갔습니다.

　　　　　[遠い (멀다) ➡ 遠く (먼 곳)]

　　　学生の　多くは　日本人です。　학생 대부분은 일본인입니다.

　　　　　[多い (많다) ➡ 多く (대부분)]

07　〔동〕연체형＋予定　　　　　　　　　　　　　　　　　　　～할 예정

- 우리말은 동사가 문장 끝에 올 때(종지형)와 뒤의 명사를 수식할 때(연체형)의 형태가 각각 다르다. 그러나 일본어는 같다.

　예　┌ 친구가 온다　　　　　　┌ 친구가 올 예정
　　　└ 友達が　来る　　　　　　└ 友達が　来る　予定

　　　友達が　来る　予定です。

　　　친구가 올 예정이에요.

　　　チェジュドと　キョンジュを　旅行する　予定です。

　　　제주도와 경주를 여행할 예정이에요.

01 보기와 같이 대답해 보자.

> 보기 ▶▶ 飲み物は　何に　しますか。[コーヒー]
> ➡ コーヒーに　します。

(1) 

約束は　何時に　しますか。[4時]

➡ ＿＿＿＿＿＿＿＿＿＿＿＿＿＿＿＿＿＿＿＿＿。

(2)

旅行は　どこに　しますか。[チェジュド]

➡ ＿＿＿＿＿＿＿＿＿＿＿＿＿＿＿＿＿＿＿＿＿。

(3)
会議は　いつに　しますか。[月曜日の　朝]

➡ ＿＿＿＿＿＿＿＿＿＿＿＿＿＿＿＿＿＿＿＿＿。

02 보기와 같이 말해 보자.

> 보기 ▶▶ 買い物　➡　買い物に　行きます。

(1)
旅行　　　　➡ ＿＿＿＿＿＿＿＿＿＿＿＿＿＿＿＿。

(2)

ピザを　食べる　➡ ＿＿＿＿＿＿＿＿＿＿＿＿＿＿。

(3)

友達に　会う　➡ ＿＿＿＿＿＿＿＿＿＿＿＿＿＿＿。

03 **다음을 일본어로 옮겨 보자.**

(1) 한국어를 공부하러 한국에 왔습니다.

➡ ____。

(2) 사또 씨, 커피를 마시러 가지 않겠습니까?

➡ ____。

(3) 내일 일본으로 여행갈 예정입니다.

➡ ____。

04 **CD의 내용을 받아 쓰고 대답해 보자.** 🔘 5

(1) ［ソルロンタン］

Q : ____。

A : ____。

(2) ［近くの　店］

Q : ____。

A : ____。

(3) ［ええ］

Q : ____。

A : ____。

일본의 설날음식, 「おせち」

「おせち」는 일본의 최대 명절인 「お正月(しょうがつ)」에 먹는 대표적인 음식입니다. 여러 가지 재료가 담겨 있어 색깔도 아름답고, 보기에도 좋습니다. 「おせち」에 들어가는 재료에는 각각의 뜻이 있습니다. 먼저 가장 빠져서는 안 되는 검은 콩은 악귀를 쫓는다는 의미와 함께, 성실하게 일하고 건강하게 생활한다는 의미를 지니고 있습니다. 황금색 밤은 그 색깔 때문에 재산을 상징하여 풍족해진다는 의미가 담겨 있고, 긴 수염이 달린 새우는 장수, 알이 많은 청어알은 자손의 번영을 기원합니다. 또한 다시마는 일년내내 좋은 일만 생기기를 기원하며, 구멍이 난 연근은 그 구멍을 통해 앞날을 내다볼 수 있는 지혜를 얻으라는 뜻이 담겨져 있습니다. 이처럼 「おせち」에는 음식을 통해 여러 가지 복을 빌고자 하는 일본인들의 소망이 담겨있습니다.

참고로, 일본에는 「屠蘇(とそ)」라는 설날 아침에 가족들이 모여서 마시는 술이 있습니다. 이 술은 악한 기운을 물리치고, 무병장수를 기원합니다.

02

良かったですね。

다행이군요.

주요 문법내용

▶ イ형용사의 과거형
▶ ナ형용사의 과거형

野球	勝つ	負ける	悪い	選手	打つ	良い	本場	料理
お寿司	刺し身	新鮮	北海道	街				

プロ(professional)　　　ドラゴンズ(dragons)　　　ピッチャー(pitcher)

コントロール(control)　　　ホームラン(home run)

A： どうでした、 プロ野球（やきゅう）？
어땠어요,　　　　　　프로 야구?

ドラゴンズは　勝（か）ちましたか。
드래곤즈는　　　　　이겼나요?

プロ (professional)　프로	* また　또
野球 (やきゅう)　야구	* 負ける (まける) [동2] 지다, 패하다
ドラゴンズ (dragons)　드래곤즈	ピッチャー (pitcher)　피처, 투수
* 勝つ (かつ) [동1] 이기다	* 悪い (わるい) [イ형] 나쁘다
* だめだ [ナ형] 형편 없다, 못 쓰다, 안 되다	~かったです　~였습니다

B : だめでしたね。　また　負けました。
형편없었어요.　또　졌어요.

A : ピッチャーが　悪かったんですか。
투수가　나빴던 건가요?

B : ええ。　コントロールが　よく　ありませんでした。
네,　컨트롤이　좋지　않았어요.

でも、　大好きな　パク選手が　ホームランを　2本も
그래도　아주 좋아하는　박 선수가　홈런을　2방이나

打ちました。
쳤어요.

A : それは　良かったですね。
그건　다행이군요(잘 됐군요).

コントロール(control)　컨트롤　　　　　　ホームラン(home run)　홈런
～く　ありませんでした　～지 않았습니다　　～本(ほん)　～방　◀조수사. 야구에서 안타나
よく　ありませんでした　좋지 않았습니다　　　　홈런을 세는 단위
選手(せんしゅ)　선수　　　　　　　　　　＊打つ(うつ)　[동1]　치다, 때리다

A : 本場（ほんば）の　日本料理（にほんりょうり）は　どうでしたか。
본고장　일본 요리는　어땠어요?

おいしかったですか。
맛있었어요?

B : ええ、　てんぷらが　いちばん　おいしかったです。
네,　튀김이　제일　맛있었어요.

A : お寿司（すし）か　刺し身（さみ）は　食べ（た）ませんでしたか。
초밥이라든가　생선회는　안 먹었어요?

B : 刺し身（さみ）を　食べ（た）ました。
생선회를　먹었어요.

でも、　あまり　新鮮（しんせん）じゃ
그런데　별로　신선하지

ありませんでした。
않았어요.

A : そうですか。　北海道（ほっかいどう）は　どんな　ところでしたか。
그래요?　홋카이도는　어떤　곳이었나요?

B : 街（まち）が　とても　すてきで、　きれいでした。
거리가　정말　멋있고　아름다웠어요.

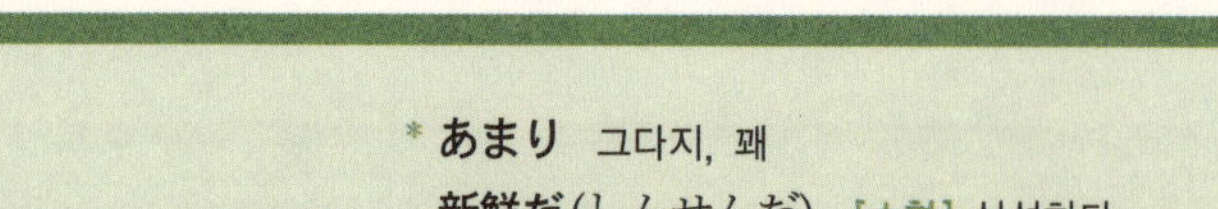

本場（ほんば） 본고장	* あまり 그다지, 꽤
* 料理（りょうり） 요리	新鮮だ（しんせんだ） [ナ형] 신선하다
てんぷら 튀김	北海道（ほっかいどう） [지] 홋카이도
お寿司（おすし） 초밥	街（まち） 거리
〜か 〜라거나, 〜라든가	* とても 매우, 대단히
刺し身（さしみ） 생선회	すてきだ [ナ형] 근사하다, 멋있다

01　〔イ형〕かったです。　　　　　　　　　　　　▶イ형용사의 과거형 ① : 긍정

- イ형용사의 현재형은 「〜です」로 명사와 같지만, 과거형은 「〜でした」가 아니라 「〜かったです」
  이다.

- 「いい」의 과거형은 「いかったです」가 아니라 「よかったです」이므로 주의한다.

형용사	おいしい 맛있다	悪い (わる) 나쁘다	いい(よい) 좋다
현재형	おいしいです 맛있습니다	悪いです 나쁩니다	いいです(よいです) 좋습니다
과거형	おいしかったです 맛있었습니다	悪かったです 나빴습니다	よかったです 좋았습니다

02　〔イ형〕く　ありませんでした。　　　　　　　▶イ형용사의 과거형 ② : 부정

- イ형용사의 현재 부정형은 「〜く　ありません」이고, 과거 부정형은 「〜く　ありませんでした」
  이다.

- 단, 「いいです」의 과거형은 「よかったです」, 과거 부정형은 「よく　ありませんでした」이다.

형용사	おいしい 맛있다	悪い 나쁘다	いい(よい) 좋다
현재형	おいしく　ありません 맛있지 않습니다	悪く　ありません 나쁘지 않습니다	よく　ありません 좋지 않습니다
과거형	おいしく　ありませんでした 맛있지 않았습니다	悪く　ありませんでした 나쁘지 않았습니다	よく　ありませんでした 좋지 않았습니다

03 〔ナ형〕でした。　　　　　　　　　　　　　　　　　▶ナ형용사의 과거형 ① : 긍정

- ナ형용사의 과거형은 「〜です」 대신에 「〜でした」를 붙인다.

형용사	きれいだ 예쁘다	新鮮_{しんせん}だ 신선하다	だめだ 형편 없다
현재형	きれいです 예쁩니다	新鮮です 신선합니다	だめです 형편 없습니다
과거형	きれいでした 예뻤습니다	新鮮でした 신선했습니다	だめでした 형편 없었습니다

04 〔ナ형〕じゃ（では）　ありませんでした。　　　　　　　▶ナ형용사의 과거형 ② : 부정

- ナ형용사의 과거 부정형은 「〜じゃ（では）　ありません」 대신에 「〜じゃ（では）　ありませんでした」를 붙인다. 이것은 명사와 마찬가지이다.

형용사	きれいだ 깨끗하다	新鮮だ 신선하다	便利_{べんり}だ 편리하다
현재형	きれいじゃ　ありません 깨끗하지 않습니다	新鮮じゃ　ありません 신선하지 않습니다	便利じゃ　ありません 편리하지 않습니다
과거형	きれいじゃ　ありませんでした 깨끗하지 않았습니다	新鮮じゃ　ありませんでした 신선하지 않았습니다	便利じゃ　ありませんでした 편리하지 않았습니다

- 「～か」는 비슷한 종류 가운데 하나를 골라서 말할 때 사용하는 조사이다.

お寿司か　刺し身は　食べませんでしたか。
초밥이라든가 생선회는 먹지 않았습니까?

ジュースか　コーラ、ください。
주스나 콜라, 주세요.

06　활용 정리

	현재형		과거형	
	긍 정	부 정	긍 정	부 정
명사	本です 책입니다	本では(じゃ) ありません 책이 아닙니다	本でした 책이었습니다	本では(じゃ) ありませんでした 책이 아니었습니다
イ 형용사	広いです 넓습니다	広く　ありません (ないです＊) 넓지 않습니다	広かったです 넓었습니다	広く ありませんでした (なかったです＊) 넓지 않았습니다
ナ 형용사	新鮮です 신선합니다	新鮮では(じゃ) ありません 신선하지 않습니다	新鮮でした 신선했습니다	新鮮では(じゃ) ありませんでした 신선하지 않았습니다
동사	行きます 갑니다	行きません 가지 않습니다	行きました 갔습니다	行きませんでした 가지 않았습니다

＊ イ형용사의 부정표현 「～く ありません」, 「～く ありませんでした」는 「～く ないです」, 「～く 나かったです」로 바꿔 쓸 수 있다.

01 보기와 같이 묻고 대답해 보자.

> 보기 ▶▶ 日本料理／おいしい ➡ 日本料理は　どうでしたか。
> 　　　　　　　　　　　　　　　　　－ おいしかったです。

(1) 刺し身／新鮮だ

➡ _______________________________________。

_______________________________________。

(2) コントロール／いい

➡ _______________________________________。

_______________________________________。

(3) 交通／便利だ

➡ _______________________________________。

_______________________________________。

02 다음 문장을 완성시켜 보자.

(1) 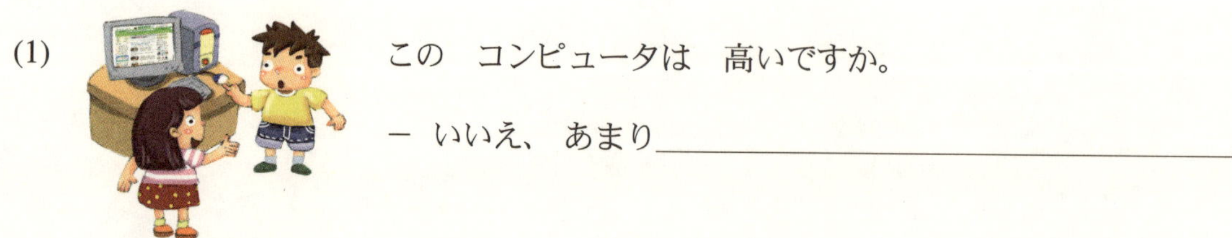

この　コンピュータは　高いですか。

－ いいえ、あまり_______________________________________。

(2) 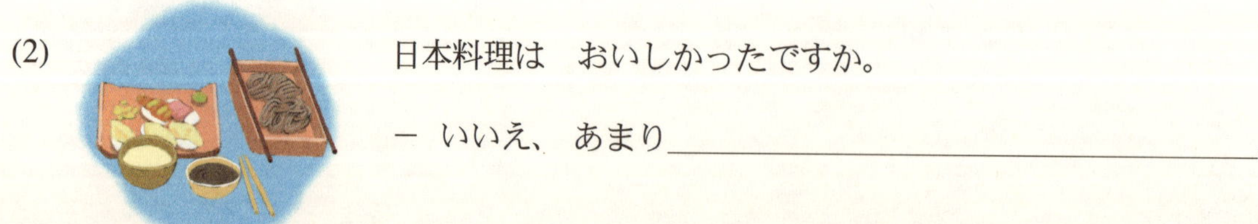

日本料理は　おいしかったですか。

－ いいえ、あまり_______________________________________。

(3) あの　刺し身は　新鮮ですか。

－ いいえ、　あまり____。

03 CD의 내용을 받아 쓰고 대답해 보자.　🔘 10

(1) ［いいえ、　負ける］

Q：____。

A：____。

(2) ［いいえ］

Q：____。

A：____。

(3) ［てんぷら］

Q：____。

A：____。

이제 히라가나는 눈에 익었나요? 그럼 가타카나도 부지런히 익혀 둡시다. 일본사람들이 외래어를 좋아하다 보니, 잡지며 간판이며 가타카나 투성이, 일본 가서 가타카나 모르면 까막눈이나 다름없죠. 그리고 앞으로 여행을 계획하고 있다면 알아두어야 할 것. すみません, どうぞ와 どうも, 요 말만 알면 2박 3일 정도의 일본 여행은 식은 죽 먹기.

すみません

すみません。	죄송합니다.
すみませーん。	여기 – 요.
はーい。	네에.
すみませーん、ここ…	여보세요, 여기……
すみません、コーヒー…	여보세요, 커피……
すみません。ハンカチ　おちましたよ。	여보세요, 손수건 떨어졌어요.
あら、すみません。	어머, 고마워요.

すみません은 원래 '다함이 없다, 끝이 없다' 란 말. 그래서 가장 기본적으로는 '미안하기 그지없다' 는 사죄의 표현으로 쓰인다. 첫 번째 만화처럼 붐비는 전철 안에서 본의 아니게 립스틱을 묻히거나 발을 밟았을 경우다.

그런데 이 말이 '고맙기 한량없다' 가 되어 감사의 표현으로 둔갑하기도 한다. 전철 안에서 자리를 양보해 준 사람에게 쓰는 すみません, 손님이 들고 온 선물을 받으면서 쓰는 すみません 등이 그렇다. 당신한테 그런 일을 시켜서, 그런 걸 나한테 주도록 만들어서 '미안하다' 는 의미가 함축되어 있다. 그리고 가게에 들어가서 또는 사람을 부르면서 쓰는 '여보세요, 여기요' 도 すみません이라고 쓰며, 불러 오게 해서 '미안하다' 라는 뜻이 된다.

일본에 가면 가장 많이 쓰게 되는 말이 바로 이 すみません이다. 웬만큼 치고 지나가지 않고서는 미안하다는 말이 안 나오는 우리 나라 사람들, 맞은편에서 걸어오던 일본인이 살짝 비켜가면서 すみません, 뒤에 오던 사람이 앞질러가면서 すみません, 팔꿈치만 살짝 부딪쳐도 すみません… 하는 통에 도리어 정신이 없었다고. 사회 생활을 하면서 우리는 미안하다는 말을 너무 안 하고, 일본사람들은 너무 자주 한다. 과연 어느 쪽이 더 즐거운 사회일까?

일본에서 쇼핑한다면 이곳에서!

1) 일본의 전통적인 기념품

　백화점이나 시장에서도 기념품을 살 수 있지만 다양한 물건을 보며 싼 가격에 일본의 향기가 물씬 나는 물건을 사고 싶다면 도쿄의 「浅草(あさくさ)」에 가보세요. 이곳에는 「浅草寺(せんそうじ)」라는 유명한 절 양쪽으로 전통 기념품 가게가 즐비해 있어, 일본 전통 과자에서 악세사리까지 다양한 기념품을 살 수 있습니다.

2) 전자제품

　「秋葉原(あきはばら)」는 전자제품 할인 매장들이 즐비해 있으며, 일본의 최신기술을 느낄 수 있는 곳입니다. 가전제품에서 TV 부품에 이르기까지 다양한 전기 제품을 구입할 수 있고 한국어를 할 줄 아는 상인도 많기 때문에 한국어로 안내를 받을 수도 있습니다. 그리고 일본의 번화가에는 우리 나라의 전자상가와 같은 것이 많은데요, 「ビックカメラ」와 「ヨドバシカメラ」가 유명합니다.

03

世界旅行が　したいです。

세계 여행을 하고 싶습니다.

주요 문법내용

▶ 〔명〕が　ほしい
▶ 〔동〕たい
▶ 〔명〕に　なる／〔ナ형〕に　なる

A : 今　何が　ほしいですか。
지금　뭘　갖고 싶습니까?

B : ほしい　ものは　たくさん　ありますが、お金が
갖고 싶은　건　많이　있지만,　돈이

いちばん　ほしいです。
제일　갖고 싶습니다.

A : その　お金で、何が　したいですか。
그　돈으로　뭘　하고 싶습니까?

B : 世界旅行が　したいです。
세계 여행을　하고 싶습니다.

A : いちばん　行きたい　ところは　どこですか。
제일　가고 싶은　곳은　어딥니까?

---

* 今(いま) 지금　　　　　　　　　　　　* もの 물건, 것
* ほしい [イ형] 원하다, 가지고 싶다　　　* たくさん 많이
　~が ほしいです ~을/를 가지고 싶습니다,　　~たいです ~(하)고 싶습니다
　~을/를 원합니다　　　　　　　　　　したいです 하고 싶습니다

B： アフリカです。 アフリカに　行き、色々な　動物の
　　ア프리카입니다.　　　　　아프리카에　　　가서,　여러　　동물의

　　写真を　撮りたいです。
　　사진을　　　찍고 싶습니다.

* **世界**(せかい)　세계
　アフリカ(Africa)　아프리카
* **色々だ**(いろいろだ)　[ナ형] 여러 가지다 ◀々는 같은 한자가
　　반복될 때 쓰는 기호

* **動物**(どうぶつ)　동물
* **写真**(しゃしん)　사진
* **撮る**(とる)　[동1] (사진) 찍다

단어 쓱쓱 익히기 12

私[わたし]は　デザイナーに　なりたいです。
나는　　　디자이너가　　　되고 싶습니다.

ファッション・デザインに　興味[きょうみ]が　あります。
패션 디자인에　　　　흥미가　　　있습니다.

まだ　独身[どくしん]ですが、ボーイ・フレンドは　たくさん　います。
아직　독신이지만,　　　남자 친구는　　　많이　　　있습니다.

30歳[さい]ぐらいで　結婚[けっこん]したいです。
30 살 정도에　　　결혼하고 싶습니다.

仕事[しごと]は　ずっと　続[つづ]けたいです。
일은　(쪽) 계속하고　싶습니다.

いつかは　自分[じぶん]の　会社[かいしゃ]を　作[つく]る　予定[よてい]です。
언젠가는　내　　　회사를　　　만들　　　예정입니다.

仕事[しごと]も　家庭[かてい]も、　両方[りょうほう]　大事[だいじ]に　します。
일도　가정도　　양쪽 다　소중히　하겠습니다.

私[わたし]は　幸[しあわ]せに　なりたいです。
나는　행복해지고　　싶습니다.

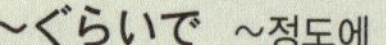

デザイナー (designer)　디자이너
* なる [동1]　되다
～に　なる　～이/가 되다
ファッション・デザイン (fashion design)　패션 디자인
* 興味 (きょうみ)　흥미
* まだ　아직
独身 (どくしん)　독신
ボーイ・フレンド (boy friend)　남자 친구
* ～歳 (さい)　～살 ◀조수사. 나이를 세는 단위
* ぐらい　쯤, 정도 ◀くらい도 같은 뜻으로, 어느 쪽으로 발음해도 상관 없다.

～ぐらいで　～정도에
* 結婚 (けっこん)　결혼
* ずっと　쭉, 계속
* 続ける (つづける) [동2]　계속하다
いつかは　언젠가는
* 自分 (じぶん)　자기, 자신
* 作る (つくる) [동1]　만들다
家庭 (かてい)　가정
* 両方 (りょうほう)　양쪽
* 大事だ (だいじだ) [ナ형]　소중하다
大事に　する　소중히 하다
幸せに　なる　행복해지다

01 何が　ほしいですか。　　　　　　　　　무엇을 갖고 싶습니까? 무엇을 원합니까?
　　　— 〔명〕が　ほしいです。　　　　　　　~을/를 갖고 싶습니다.

- 「〜が　ほしい」는 '~을/를 갖고 싶다, ~을/를 자기 것으로 하고 싶다' 라는 뜻으로, 희망을 나타낼 때 사용한다. 주의할 것은 「〜を　ほしい」가 아니라 「〜が　ほしい」라는 점이다.

- 「ほしい」는 イ형용사이므로 '갖고 싶지 않습니다' 라고 할 때는 「ほしく　ありません」이라고 한다.

　　　新しい　コンピュータが　ほしいです。
　　　새 컴퓨터를 갖고 싶습니다.

　　　時間が　ほしいです。
　　　시간을 갖고 싶습니다.

　　　ものは　ほしく　ありません。恋人が　ほしいです。
　　　물건은 갖고 싶지 않습니다. 애인을 갖고 싶습니다.

02 〔동〕ます형 + たいです。　　　　　　　　　　　~(하)고 싶습니다.

- 「〜たい」는 동사의 ます형에 접속하며, 소망이나 희망을 나타낸다.

- 「〜たい」는 イ형용사처럼 활용하므로, '~(하)고 싶습니다' 는 「〜たいです」, '~(하)고 싶지 않습니다' 는 「〜たく　ありません」이라고 한다.

- 「〜たい」 앞에는 조사 「が」, 「を」 모두 올 수 있다.

- '어떤 사람을 보고 싶다' 라는 표현은 「〜が　見たい」가 아니라 「〜に　会いたい」라는 점에 주의한다. 「〜が　見たい」는 '영화가 보고 싶다' 와 같은 경우에만 쓴다.

　　　世界旅行が　したいです。
　　　　= 世界旅行を　したいです。
　　　　세계 여행을 하고 싶습니다.

　　　お水が　飲みたいです。
　　　　= お水を　飲みたいです。
　　　　물을 마시고 싶습니다.

国へ　帰りたいです。
고국에 돌아가고 싶습니다.

両親に　会いたいです。
부모님이 보고(만나고) 싶습니다.

03　[명]に　なる。　　　　　　　　　　　　　　　　~이/가 되다.

- '~이/가 되다'는 「~に　なる」라고 한다. 「~이/가 = ~が」의 원칙에서 벗어나는 것이므로 이대로 외워야 한다.

デザイナーに　なりたいです。　디자이너가 되고 싶습니다.

大学生に　なりました。　대학생이 되었습니다.

1時に　なりました。　1시가 되었습니다.

医者に　なりたいです。　의사가 되고 싶습니다.

04　[ナ형]に　なる。　　　　　　　　　　　　　　　　~해지다.

- 「なる」 앞에 ナ형용사가 와서 '~해지다, ~하게 되다'의 의미로 사용된 경우에는 ナ형용사의 어미 「だ」가 「に」로 바뀐다.

예 きれいだ (예쁘다)　　　　　　　きれいに　なる (예뻐지다)

幸せに　なりたいです。　행복해지고 싶습니다.

化粧を　し、きれいに　なりました。　화장을 해서 예뻐졌습니다.

生活が　便利に　なりました。　생활이 편리해졌습니다.

キムさんは　有名に　なりました。　김 씨는 유명해졌습니다.

- 「する」앞에 ナ형용사가 와서 '～하게 하다'의 의미로 사용된 경우에는 ナ형용사의 어미「だ」가「に」로 바뀐다.

  예 大事だ (소중하다)

  大事に　する (소중하게 하다, 소중하게 여기다)

  仕事も　家庭も　大事に　します。

  일도 가정도 소중히 하겠습니다.

  あなたを　幸せに　します。

  당신을 행복하게 하겠습니다.

  顔を　きれいに　する　化粧品。

  얼굴을 예쁘게 하는 화장품.

登山과 등산

8살짜리가 등산을 한다는데, 사또 씨가 왜 눈이 휘둥그래져 놀라는 걸까? 우리는 아침마다 동네 뒷산에 올라가는 것도 등산, 주말에 관악산이나 북한산에 올라가는 것도 등산, 히말라야를 등정하는 것도 모두 등산이다. 그런데 일본어의 登山(とざん)은 장비를 갖추고 훈련을 쌓아 본격적으로 높은 산을 정복하는 것만을 가리킨다. 북한산 정도 높이의 산에 오르는 건 登山이라 하지 않고 山歩き(やまあるき)나 山登り(やまのぼり), ハイキング라고 한다. 그래서 우리나라 사람에게 취미가 뭐예요? 라고 물으면 등산이라는 대답이 많이 나오지만, 일본인들이 登山이라고 대답하는 경우는 거의 드물다.

01 보기와 같이 묻고 대답해 보자.

> 보기 ▶▶ 車 ➡ きむらさんは　何が　ほしいですか。
> 　　　　　　 － 車が　ほしいです。

(1) 新しい　コンピュータ

➡ ________________________________。

________________________________。

(2) 仕事

➡ ________________________________。

________________________________。

(3) 化粧品

➡ ________________________________。

________________________________。

02 보기와 같이 대답해 보자.

> 보기 ▶▶ 何が　飲みたいですか。［ジュース］
> 　　　　　 － ジュースが　飲みたいです。

(1) 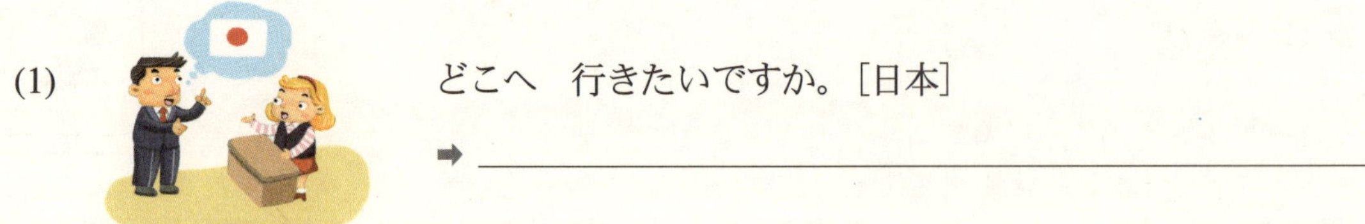
どこへ　行きたいですか。［日本］

➡ ________________________________。

(2) 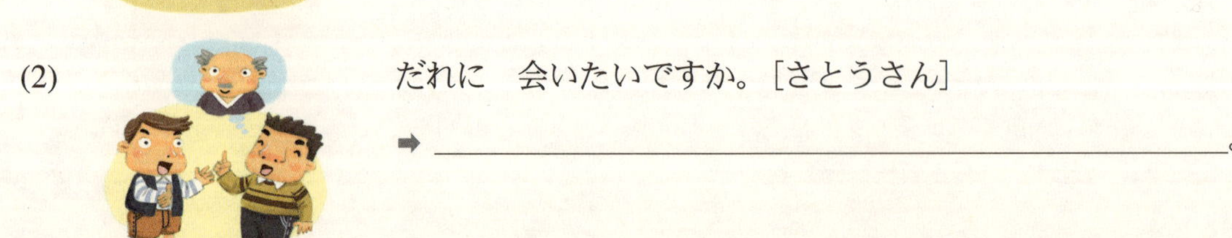
だれに　会いたいですか。［さとうさん］

➡ ________________________________。

(3) 何が　したいですか。［世界旅行］

➡ ＿＿＿＿＿＿＿＿＿＿＿＿＿＿＿＿＿＿＿＿＿＿＿＿。

03 다음을 일본어로 옮겨 보자.

(1) 교통이 편리해졌습니다.

➡ ＿＿＿＿＿＿＿＿＿＿＿＿＿＿＿＿＿＿。

(2) 돈을 소중히 하겠습니다.

➡ ＿＿＿＿＿＿＿＿＿＿＿＿＿＿＿＿＿＿。

04 CD의 내용을 받아 쓰고 대답해 보자.　15

(1) ［お金］

Q : ＿＿＿＿＿＿＿＿＿＿＿＿＿＿＿＿＿＿＿＿＿＿＿＿＿＿。

A : ＿＿＿＿＿＿＿＿＿＿＿＿＿＿＿＿＿＿＿＿＿＿＿＿＿＿。

(2) ［世界旅行］

Q : ＿＿＿＿＿＿＿＿＿＿＿＿＿＿＿＿＿＿＿＿＿＿＿＿＿＿。

A : ＿＿＿＿＿＿＿＿＿＿＿＿＿＿＿＿＿＿＿＿＿＿＿＿＿＿。

(3) ［アメリカ］

Q : ＿＿＿＿＿＿＿＿＿＿＿＿＿＿＿＿＿＿＿＿＿＿＿＿＿＿。

A : ＿＿＿＿＿＿＿＿＿＿＿＿＿＿＿＿＿＿＿＿＿＿＿＿＿＿。

일본의 버스와 택시

1) 버스

　도쿄에는 버스노선이 그다지 많지 않습니다. 버스요금도 전철은 구간별로 정해져 있는데 비해, 도내버스의 경우는 버스에 따라 다르긴 하지만 버스를 타면 정면에 있는 전광판에 내릴 때의 요금이 표시되어 있으며, 내릴 때 요금을 내도록 되어 있는 버스도 있습니다. 버스를 타면 바로 번호표를 뽑고 내릴 곳이 되면 번호표의 요금대로 계산하면 됩니다.

2) 택시

　일본의 택시요금은 비싸지만 친절하고 서비스가 좋아 짐이 많은 여행객이나 단거리를 이용할 경우에 편리합니다. 빈 택시의 경우에는 「空車(くうしゃ)」, 사람이 타고 있는 경우에는 「賃走(ちんそう)」, 예약 장소로 가는 도중이거나 약속 장소에서 예약한 손님을 기다릴 경우에는 「迎車(げいしゃ)」라고 쓰여진 붉은 등이 켜져 있습니다. 우리 나라와 다르게 택시문은 자동문이랍니다.

04

地図を　見て　ください。
지도를 보세요.

주요 문법내용
▶ 〔동〕て형
▶ 〔동〕て　ください
▶ 〔동〕て、〔동〕て、ください

A： インサドン(仁寺洞)へは、　どう　行きますか。
인사동에는　　　　　어떻게　　갑니까?

B： インサドンですか。　こちらの　大きい　地図を
인사동이요?　　　　이쪽의　　큰　　지도를

見て　ください。
보　　　　세요.

この　駅で　３号線の　地下鉄に　乗って　ください。
이　역에서　3호선　지하철을　타　세요.

７つ目の　駅で　降りて　ください。
7번째　　역에서　내리　세요.

それから　タプコル公園　方面へ　向かって
그리고 나서　탑골 공원　방면으로　향해

ください。
가세요.

タプコル公園の　前を　通って、右に　曲がって
탑골 공원　앞을　지나서　오른쪽으로　도

インサドン(仁寺洞) [지] 인사동	〜号線(ごうせん)　〜호선
〜へは　〜에는 ◀방향	* 地下鉄(ちかてつ)　지하철
* 地図(ちず)　지도	乗って　ください　타세요
〜て　ください　〜하세요, 〜해 주십시오	* 〜目(め)　〜째 ◀순서
見て　ください　보세요	* 降りる(おりる) [동2] 내리다
* 駅(えき)　역	タプコル　탑골

ください。
세요.

もう一度　説明します。　よく　聞いて　ください。
다시 한번　　　설명하겠습니다.　　　잘　　들으　　　세요.

* **公園**(こうえん)　공원
　方面(ほうめん)　방면
　向かう(むかう)　[동1] 향하다
　向かって　ください 향해 가세요, 향해 주세요
* **通る**(とおる)　[동1] 지나다, 통과하다
* **曲がる**(まがる)　[동1] 돌다, 꺾다, 구부러지다
　曲がって　ください 돌아 주세요, 도세요
* **～度**(ど)　～번　◀횟수를 세는 조수사
* **一度**(いちど)　한 번
　もう一度 다시 한번
* **説明**(せつめい)　설명
　聞いて　ください 들어 주세요

A： 今日　はじめて　インサドンへ　行って、いろいろ
오늘　　　처음으로　　　　　인사동에　　　　가서,　　　여러 가지

見ました。
봤습니다(구경했습니다).

まず　地下鉄に　乗り、チョンノ3街駅で　降り
우선　지하철을　타고,　　　종로 3 가역에서　　　내렸

ました。
습니다.

タプコル公園の　前を　通り、右に　曲がって
탑골 공원　　　앞을　지나,　오른쪽으로　돌아서

歩きました。　すぐ　インサドンに　でました。
걸었습니다.　　바로　　인사동에　　　이르렀습니다.

インサドンには　骨董品の　店が　たくさん
인사동에는　　　골동품　　가게가　많이

あります。
있습니다.

---

* **今日**（きょう）　오늘　　　　　　　　　　　* **歩く**（あるく）　[동1] 걷다

* **はじめて**　처음, 처음으로　　　　　　　　　　　**〜に　出る**　〜에 이르다, 〜에 닿다　◀지명＋に 出る

　行って　가서　　　　　　　　　　　　　　　　　**骨董品**（こっとうひん）　골동품

　チョンノ3街（チョンノサムガ）　[지] 종로 3가　　　* **古い**（ふるい）　[イ형] 오래되다, 낡다

<ruby>私<rt>わたし</rt></ruby>は　<ruby>韓国<rt>かんこく</rt></ruby>の　<ruby>古<rt>ふる</rt></ruby>い　かびんを　<ruby>一<rt>ひと</rt></ruby>つ　<ruby>買<rt>か</rt></ruby>って
나는　　　한국의　　　오래된　　　꽃병을　　　하나　　　사가지고

<ruby>帰<rt>かえ</rt></ruby>りました。
돌아왔습니다.

また、<ruby>有名<rt>ゆうめい</rt></ruby>な　<ruby>韓定食<rt>かんていしょく</rt></ruby> レストランで　<ruby>食事<rt>しょくじ</rt></ruby>を
또　　　유명한　　　　한정식 레스토랑에서　　　식사를

して、<ruby>韓国<rt>かんこく</rt></ruby>の　お<ruby>茶<rt>ちゃ</rt></ruby>も　<ruby>飲<rt>の</rt></ruby>みました。
하고,　　　한국　　　차도　　　마셨습니다.

* **かびん**　꽃병
* **帰る**(かえる)　[동1] 돌아가다, 돌아오다
  韓定食(かんていしょく)　한정식
* **レストラン**(restaurant)　레스토랑
* **食事**(しょくじ)　식사

01 〔동〕 て형

- 동사를 '~(하)여, ~(하)고, ~(해)서' 라는 표현으로 바꾸려면, 기본적으로는 ます형에 て를 붙인다. 이것을 바로 て형이라고 한다.

- て형은 동사의 종류에 따라 만드는 방법이 다르다.

(1) 1그룹 동사

「て」와 연결될 때 다음과 같이 음이 변한다. 이 음의 변화를 음편형(音便形)이라고 한다.
한자 뜻 그대로 발음을 편하게 하기 위한 변화이다.

イ음편 (イ音便)	「く」로 끝나는 동사는 「~いて」, 「ぐ」로 끝나는 동사는 「~いで」가 된다.		
	かく 쓰다	[かき＋て] ➡	かいて 쓰고
	きく 듣다	[きき＋て] ➡	きいて 듣고
	およぐ 헤엄치다	[およぎ＋て] ➡	およいで 헤엄치고
발음편 (撥音便)	「ぬ、ぶ、む」로 끝나는 동사는 「~んで」가 된다.		
	しぬ 죽다	[しに＋て] ➡	しんで 죽고
	よぶ 부르다	[よび＋て] ➡	よんで 부르고
	のむ 마시다	[のみ＋て] ➡	のんで 마시고
촉음편 (促音便)	「う、つ、る」로 끝나는 동사는 「~って」가 된다.		
	いう 말하다	[いい＋て] ➡	いって 말하고
	まつ 기다리다	[まち＋て] ➡	まって 기다리고
	のる 타다	[のり＋て] ➡	のって 타고

예외 1그룹 동사 중에는 예외가 두 가지 있는데, 「いく」는 イ음편이 아니라 촉음편이다.
또 「す」로 끝나는 동사는 음편이 없이 ます형에 「て」를 붙이면 된다.

いく 가다 　　　　　－いいて(×) 　➡ 　いって 가고

はなす 이야기하다 　－はなし＋て 　➡ 　はなして 이야기하고

(2) 2그룹 동사

음편이 없고, ます형에 「て」를 붙이면 된다.

おりる 내리다 ➡ おりて 내리고　　　たべる 먹다 ➡ たべて 먹고

みる 보다 ➡ みて 보고　　　でる 나가다 ➡ でて 나가고

(3) 3그룹 동사

음편이 없고, ます형에 「て」를 붙이면 된다.

くる 오다 ➡ きて 오고　　　　　する 하다　　　➡　して 하고

　　　　　　　　　　　　　　　勉強する 공부하다　➡　勉強して 공부하고

- 「～て　ください」는 '～해 주십시오' 라는 부탁이나 '～하세요' 라는 완곡한 명령을 나타내는 말이다.

こちらの　地図を　見て　ください。
이쪽의 지도를 보세요.

地下鉄に　乗って　ください。
지하철을 타세요.

駅で　降りて　ください。
역에서 내리세요.

- 「Aて、Bする」의 문형은 'A하고, B하다' 라는 뜻으로, 동작이 일어난 순서대로 나열하는 경우에 사용한다.

タプコル公園の　前を　通って　ください。
(その　後）右に　曲がって　ください。
탑골 공원 앞을 지나세요. (그 다음) 오른쪽으로 도세요.

　－ タプコル公園の　前を　通って、右に　曲がって　ください。
탑골 공원 앞을 지나서, 오른쪽으로 도세요.

インサドンへ　行きました。（その　後）　いろいろ　見ました。

인사동에 갔습니다. (그 다음) 여러 가지 보았습니다.

－インサドンへ　行って、　いろいろ　見ました。

인사동에 가서 여러 가지 보았습니다.

レストランで　食事を　しました。（その　後）　お茶を　飲みました。

레스토랑에서 식사를 했습니다. (그 다음) 차를 마셨습니다.

－レストランで　食事を　して、　お茶を　飲みました。

레스토랑에서 식사를 하고 차를 마셨습니다.

04　～を　　　　　　　　　　　　　　　　　　　～을 ▶장소·목적

- 「～前を　通る(～앞을 지나다)」의 「を」는 이동 동사와 함께 사용하여, 그 움직임이 행해지는 공간, 또는 통과하는 공간을 나타낸다. 다음과 같은 예문도 알아두자.

예　空を　飛ぶ (하늘을 날다)

　　公園を　散歩する (공원을 산책하다)

01 다음 동사의 「て형」을 만들어 보자.

(1) する ➡ ___________ (2) およぐ ➡ ___________

(3) はなす ➡ ___________ (4) 見る ➡ ___________

(5) 食べる ➡ ___________ (6) 言う ➡ ___________

(7) 行く ➡ ___________ (8) 乗る ➡ ___________

(9) よぶ ➡ ___________ (10) まつ ➡ ___________

02 보기와 같이 말해 보자.

> 보기 ▶▶ 地図を　見ます。
> ➡　地図を　見て　ください。

(1) 地下鉄に　乗ります。

➡ ___________________________________。

(2) 4時に　来ます。

➡ ___________________________________。

(3) タクシーを　拾います。

➡ ___________________________________。

(4) ビールを　飲みます。

➡ ___________________________________。

03 CD의 내용을 받아 쓰고 대답해 보자. 💿 20

(1) ［テレビを　見る、寝る］

Q : ＿＿＿＿＿＿＿＿＿＿＿＿＿＿＿＿＿＿＿＿＿＿＿＿＿＿＿＿＿＿。

A : ＿＿＿＿＿＿＿＿＿＿＿＿＿＿＿＿＿＿＿＿＿＿＿＿＿＿＿＿＿＿。

(2) ［地下鉄に　乗る、チョンノ3街駅で　降りる］

Q : ＿＿＿＿＿＿＿＿＿＿＿＿＿＿＿＿＿＿＿＿＿＿＿＿＿＿＿＿＿＿。

A : ＿＿＿＿＿＿＿＿＿＿＿＿＿＿＿＿＿＿＿＿＿＿＿＿＿＿＿＿＿＿。

(3) ［かびんを　買う、帰る］

Q : ＿＿＿＿＿＿＿＿＿＿＿＿＿＿＿＿＿＿＿＿＿＿＿＿＿＿＿＿＿＿。

A : ＿＿＿＿＿＿＿＿＿＿＿＿＿＿＿＿＿＿＿＿＿＿＿＿＿＿＿＿＿＿。

식사와 요리

- 朝ご飯 (아침밥) ／ 昼ご飯 (점심밥) ／ 晩ご飯 (저녁밥) ： ～を　食べる (~을 먹다)

  朝食 (아침 식사) ／ 昼食 (점심 식사) ／ 夕食 (저녁 식사) ： (食事)を　する ((식사)를 하다)

- 韓国料理 (한국 요리) : 韓定食 (한정식)

- 日本料理 (일본 요리) : 和食 (일식)

- 中国料理 (중국 요리) : 中華 (중화요리)

여자 아이들을 위한 명절
「雛祭り(ひなまつり)」

일본에는 3월 3일에 행해지는 「雛祭り」라고 하는 여자 아이들만을 위한 명절이 있습니다. 「雛祭り」가 되기 며칠 전부터 여자 아이가 있는 집에서는 아이의 행복과 건강을 기원하는 마음으로 계단식으로 만든 붉은 「雛壇(ひなだん)」에 옛 궁중옷을 입은 작은 인형들을 각 단별로 장식한답니다. 「雛壇」은 원래는 7~8단이지만 매우 비싼데다가 집에 장식할 공간도 없으므로 이렇게 격식을 다 차리는 집은 많이 없어졌습니다.

「雛壇」은 3월 3일이 지나면 바로 치워 버리는데요, 장식해 두는 기간이 길면 길수록 시집을 늦게 간다는 말이 있기 때문이라고 하네요. 떡이나 감주를 마시면서 이 날을 축하하고 복숭아 꽃을 장식해 놓기도 하는데, 이 때문에 3월 3일을 「桃の節句(もものせっく):복숭아 꽃 명절」라고도 합니다.

05

たばこを　吸って　います。

담배를 피우고 있습니다.

주요 문법내용

▶ 〔동〕て　います
▶ 〔동〕ながら

| 吸う | 高橋 | 会議室 | 課長 | 忘年会 | 打ち合わせ | 着る | 知る |

| 付ける | 座る | 騒ぐ | 話 | 歌 | 歌う | 嫌いだ | 大変だ |

ロビー(lobby)　　ドレス(dress)　　ミス・コリア(Mliss Korea)

モデル(model)　　アクセサリー(accessory)

A : イさんは　今（いま）　どこですか。
　　이(아무개) 씨는　　지금　　어디예요(어디 있어요)?

B : イさんは　ロビーで　たばこを　吸（す）って　います。
　　이(아무개) 씨는　　로비에서　　담배를　　피우고　　있어요.

A : 高橋（たかはし）さんも　ロビーに　いましたか。
　　다까하시 씨도　　로비에　　있었나요?

B : いいえ、高橋（たかはし）さんは　会議室（かいぎしつ）で　課長（かちょう）と　忘年会（ぼうねんかい）の
　　아뇨,　　다까하시 씨는　　회의실에서　　과장님과　　망년회

　　打（う）ち合（あ）わせを　して　います。
　　의논을　　하고　　있어요.

---

* どこですか　어디에 있습니까?, 어디입니까?
ロビー(lobby)　로비, 현관
* 吸う（すう）　[동1] 피우다, 들이마시다
たばこを　吸う　담배를 피우다
吸って　います　피우고 있습니다
高橋（たかはし）　[인] 다까하시　◀일본인의 성

会議室（かいぎしつ）　회의실
課長（かちょう）　과장, 과장님
忘年会（ぼうねんかい）　송년회, 망년회
打ち合わせ（うちあわせ）　협의, 의논
して　います　하고 있습니다

단어 쏙쏙 익히기 🔘 22

A ： あそこの　ドレスを　着て　いる　人は　だれですか。
저기　　　드레스를　　　입고　있는　　　사람은　　　누굽니까?

B ： あの　人、　知りませんか。
저　　사람,　　　몰라요?

ミス・コリアで、　うちの　モデルを　して　います。
미스코리아인데,　　　우리 회사　　　모델을　　　하고　　　있어요.

A ： そうですか。　はでな　アクセサリーを　付けて
그래요?　　　화려한　　　액세서리를　　　하고 있군요.

いますね。　隣に　座って　いる　男の　人も
(달았군요.)　　옆에　　　앉아　　　있는　　　남자도

知って　いますか。
알아요?

B ： いいえ、　あの　人は　知りません。
아뇨,　　　저　　사람은　　　모릅니다.

단어 쏙쏙 익히기 💿 24

ドレス(dress)　드레스	はでだ　[ナ형]　화려하다
*着る(きる)　[동2]　입다	アクセサリー(accessory)　액세서리
着て　いる　입고 있다	*付ける(つける)　[동2]　달다, 붙이다
着て　いる　人　입은 사람	付けて　います　① 달았습니다　② 달고 있습니다
*知る(しる)　[동1]　알다	*座る(すわる)　[동1]　앉다
知りませんか　모릅니까?	座って　いる　① 앉았다　② 앉고 있다
ミス・コリア (Miss Korea)　미스코리아	知って　いますか　압니까?, 알고 있습니까?
モデル(model)　모델	

A : 忘年会は　いつも　飲んで　騒ぐだけですね。
　　망년회는　　　언제나　　　마시고　　　　떠들 뿐이네요.

B : 私は　好きです。　飲みながら　話を　する、
　　저는　　　좋아해요.　　　마시면서　　　이야기를　　　하고,

　　飲みながら　歌も　歌う……。
　　마시면서　　　노래도　　부르고…….

A : でも、　お酒が　嫌いな　人には　大変ですね。
　　하지만,　　　술을　　싫어하는　　사람한테는　　힘들어요(고역이에요).

단어 쏙쏙 익히기 💿 26

* 騒ぐ(さわぐ)　[동1] 떠들다
* ～ながら　～하면서
　飲みながら　마시면서
* 話(はなし)　이야기
* 歌(うた)　노래

* 歌う(うたう)　[동1] (노래를) 부르다
* 嫌いだ(きらいだ)　[ナ형] 싫어하다
　お酒が　嫌いだ　술을 싫어한다
　お酒が　嫌いな　人　술을 싫어하는 사람
* 大変だ(たいへんだ)　[ナ형] 큰일이다, 힘들다, 고역이다

01　〔동〕て　います。　　　　　　　　　　　　～고 있습니다. ▶진행

- 「～て　います」는 '동작의 진행'과 '어떤 동작이 이루어진 결과 · 상태' 두 가지의 의미를 가지고 있다.

- 아래의 예문은 '～하고 있습니다' 라는 진행의 의미를 나타낸다.

イさんは　ロビーで　たばこを　吸って　います。

이(아무개) 씨는 로비에서 담배를 피우고 있습니다.

イさんは　新聞を　読んで　います。

이(아무개) 씨는 신문을 읽고 있습니다.

高橋さんは　課長と　打ち合わせを　して　います。

다까하시 씨는 과장님하고 의논하고 있습니다.

02　〔동〕て　います。　　　　　　　　　　　～고 있습니다, ～했습니다. ▶결과 · 상태 ①

- 「着る(입다)」와 같은 착용에 관한 동사에 「～て　います」가 연결되면 두 가지 의미가 있으므로, 문맥에 따라 판단한다.

- 결과나 상태일 경우에는 우리말로는 과거형으로 번역하는 게 좋다.

예 チェさんは　ドレスを　着て　います。

최(아무개) 씨는 드레스를 입었습니다.　▶결과 · 상태

（鏡を　見ながら）　チェさんは　ドレスを　着て　います。

(거울을 보면서) 최(아무개) 씨는 드레스를 입고 있습니다.　▶동작 진행

チェさんは　ドレスを　着て　います。

최(아무개) 씨는 드레스를 입었습니다.

はでな　アクセサリーを　付けて　います。

화려한 액세서리를 달았습니다.

男の　人は　椅子に　座って　いて、女の　人は　立って　います。

남자는 의자에 앉고, 여자는 섰습니다.

でん き
電気が ついて います。
전기가 켜 있습니다.

03　〔동〕て　います。　　　　　　　　　　~했습니다. ▶결과 · 상태 ②

- 우리말의 '결혼했습니다' 는 일본어로 「結婚して います」라고 한다. 이것은 결혼했다는 결과(상태)가 현재 계속되고 있음을 나타내는 것인데, 직역하여 「結婚しました」라고 하지 않도록 한다. 「来て います」, 「行って います」는 '가고 있습니다', '오고 있습니다' 가 아니라 '와 있는 상태', '가서 여기 없는 상태' 를 나타낸다.

けっこん
結婚して いますか。　결혼했습니까?

－ はい、して います。　네, 했습니다.
いつ しましたか。　언제 했습니까?

はんとしまえ
－ 半年前に しました。　반 년 전에 했습니다.

がくせい　　　　　　　　き
学生は みんな 来て います。
학생들은 모두 왔습니다(와 있습니다).

あね　　　　　　　　　　　　い
姉は アフリカに 行って います。
언니는 아프리카에 갔습니다(가 있습니다).

04　〔명〕を　知って　いますか。　　　　　　~을/를 압니까(알고 있습니까)?

- 「知る」는 어떤 사실을 지식으로 지니고 있는 상태를 나타낸다. 따라서 '압니다(알고 있습니다)' 라는 말은 「知ります」라고 하지 않고 「知って います」라고 한다.

- 부정형은 「知りません」이 된다.

この　人を　知って　いますか。（×）知りますか
이 남자를 압니까?

 はい、**知って　います**。（×）はい、　知ります。
 네, 압니다.

 いいえ、**知りません**。（×）いいえ、　知って　いません。
 아니오, 모릅니다.

鈴木さんを　知って　いますか。
스즈끼 씨를 압니까?

 ーええ、　よく　**知って　います**。（入社）同期です。
 네, 잘 알아요. (입사) 동기예요.

火事の　ニュース、**知って　います**か。
화재 뉴스, 알고 있어요?

 ーえっ、**知りません**。　いつですか。
 엣? 모릅니다. 언제요?

● 「～て　いる」가 뒤에 오는 명사를 수식하는 것을 연체형이라 한다.

ドレスを　着て　いる　女の　人は　だれですか。
드레스를 입고 있는 여인은 누구예요?

椅子に　座って　いる　男の　人。
의자에 앉아 있는 남자.

はでな　アクセサリーを　付けて　いる　ミス・コリア。
화려한 액세서리를 단 미스코리아.

06 〔동〕ながら   ~하면서

- 「〜ながら」는 동사의 ます형에 접속하며, 두 가지 이상의 일이 동시에 진행됨을 나타낸다.

> たばこを　吸って　います。 新聞を　読んで　います。
> 담배를 피우고 있습니다. 신문을 읽고 있습니다.
>
> ー たばこを　吸いながら、 新聞を　読んで　います。
> 담배를 피우면서, 신문을 읽고 있습니다.
>
> MP3を　聞きます。 ジョギングを　します。
> MP3를 듣습니다. 조깅을 합니다.
>
> ー MP3を　聞きながら、 ジョギングを　します。
> MP3를 들으면서, 조깅을 합니다.

07 〔명〕が　好きです。   ~을/를 좋아합니다.
　　　　〔명〕が　嫌いです。   ~을/를 싫어합니다.

- 우리말의 '〜을/를 좋아한다', '〜을/를 싫어한다'를 일본어로 옮기면 「〜が 好きです」, 「〜が 嫌いです」가 된다. (☞ 1권 6과)
「好きだ」, 「嫌いだ」는 전부 ナ형용사이다.

> お酒が　嫌いな　人と　好きな　人。
> 술을 싫어하는 사람과 좋아하는 사람.
>
> 牛肉は　好きですが、 鳥肉は　嫌いです。
> 쇠고기는 좋아하지만, 닭고기는 싫어합니다.
>
> 勉強が　大嫌いです。
> 공부를 매우 싫어합니다.

01 보기와 같이 말해 보자.

> 보기 ▶▶　ケーキを　食べる。
> ➡　ケーキを　食べて　います。
> ➡　ケーキを　食べて　いる　人は　だれですか。

(1) 椅子に　座る。

➡ __________________________________。

➡ __________________________________。

(2) 新聞を　読む。

➡ __________________________________。

➡ __________________________________。

(3) お酒を　飲む。

➡ __________________________________。

➡ __________________________________。

02 보기와 같이 그림을 보면서 말해 보자.

> 보기 ▶▶ 　ケーキを　食べながら、
> 話を　して　います。

(1) 

➡ __________________________________。

(2) 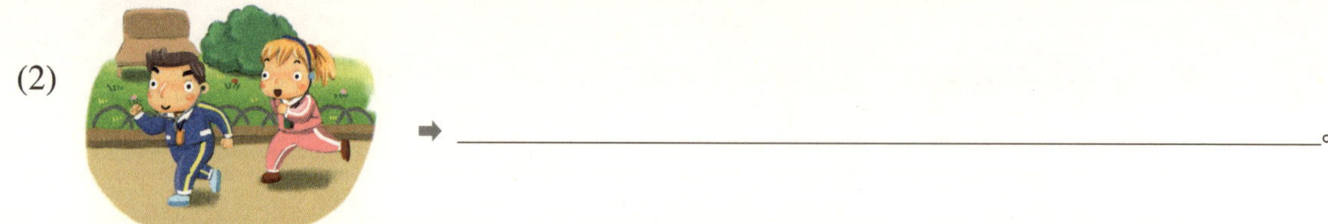

➡ ____ 。

(3) 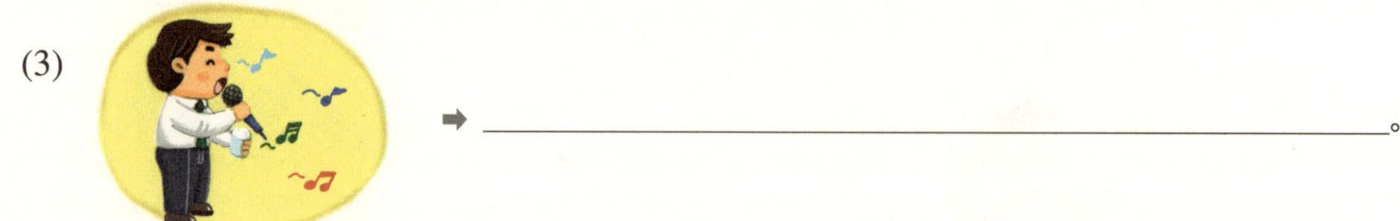

➡ ____ 。

03 CD의 내용을 받아 쓰고 대답해 보자. 🔘 27

(1) ［ええ］

    Q : ____ 。

    A : ____ 。

(2) ［いいえ］

    Q : ____ 。

    A : ____ 。

(3) ［ロビーで　たばこを　吸う］

    Q : ____ 。

    A : ____ 。

일본의 3대 「祭り(まつり)」

1) 도쿄의 「神田(かんだ)祭り」

이것은 「徳川家康(とくがわいえやす)」가 전쟁에서 승리한 것을 기념한 축제가 기원이라고 합니다. 매년 5월 15일에 행해지는데요, 108개의 자치회에서 90개의 「神輿(みこし) : 신위(神位)를 모신 가마」를 선보일 정도로 그 규모는 엄청납니다.

2) 오오사카 「天神(てんじん)祭り」

매년 7월 25일에 행해집니다. 꼭 봐야할 것은 「川渡御(かわとぎょ)」인데요, 100여척의 화려한 배들이 「堂島川(どうじまがわ)」와 「大川(おおかわ)」를 거슬러 올라가는 행사입니다. 육지에서 뿐만 아니라 강에서 축제를 즐기는 점이 아주 매력적입니다.

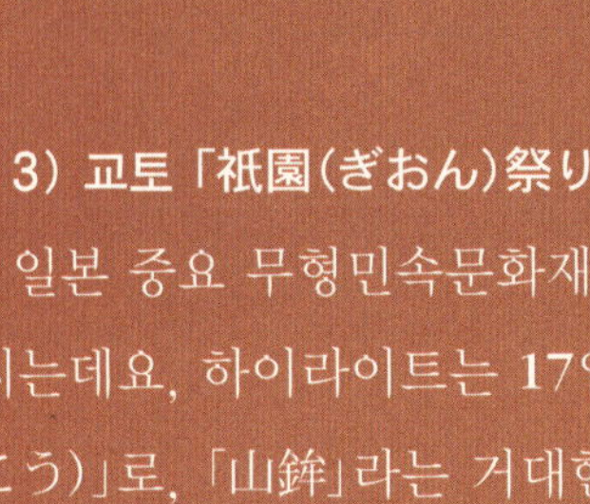

3) 교토 「祇園(ぎおん)祭り」

일본 중요 무형민속문화재로 매년 7월 1일부터 31일까지 행해지는데요, 하이라이트는 17일에 있는 「山鉾巡行(やまほこじゅんこう)」로, 「山鉾」라는 거대한 수레가 거리를 행진합니다.

教室（きょうしつ）　文房具（ぶんぼうぐ）

黒板（こくばん） 칠판	黒板消し（こくばんけ し） 칠판지우개	チョーク 분필
時間割り（じかんわり） 시간표	教卓（きょうたく） 교탁	花瓶（かびん） 꽃병
机（つくえ） 책상	いす 의자	かばん 가방

鉛筆（えんぴつ） 연필

ノート 공책

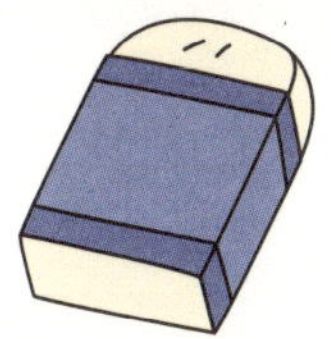

消（け）しゴム 지우개

紙（かみ） 종이

のり 풀

はさみ 가위

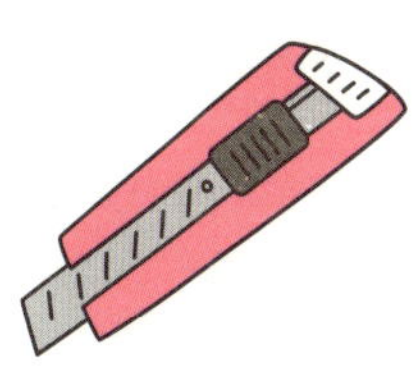

カッター 칼

定規（じょうぎ） 자

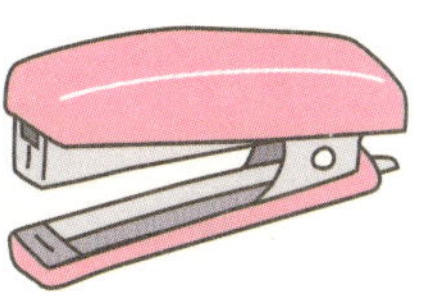

ホチキス 호치키스

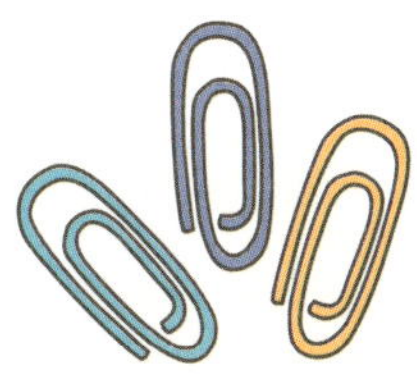

クリップ 클립

がびょう 압정

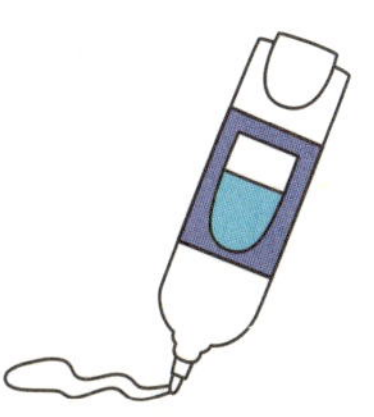

しゅうせいえき 수정액

テレビで見た凄みのあるチン!

File 3
注目のいい男
大西滝次郎さん

映画で役者という仕事に
賭けた。いつもがけっぷち
で勝負しています

TAKIJIRO ONISI

撮影／松本 元　スタイリング／高嶋由美　ヘア＆メイク／谷川一志　取材・文／中川和子
ジャケット￥5750、タンクトップ￥7350、デニム￥18900／NO ID（インフェクション）

New

File 1

心温まる
物語を

新ドラマ
くるしい
TBS系

自分が生きてる意味を探しながら
演技に全力投球しています

HARUKA AYASE

ジャンプスーツ￥32550／アーキ

綾瀬はるかさん

1985年3月24日、広島県生まれ。2000年
に第25回ホリプロタレントスカウトキャ
ラバンで審査員特別賞を受賞し、女優デ
ビュー。ドラマ「僕の生きる道」などに出演。昨年は映画「雨鱒
の川」で初主演を果たし、注目のドラマ
「世界の中心で、愛をさけぶ」では切に苦
しむヒロイン役を演じて話題を集めた。
すてきな 男の人와 きれいな
女の人가 보이는군요. 그 옆에
勝負しています와 全力投球して
います도 보이나요? 여기서의
～ています는 진행을 나타
내고 있답니다.

06

絵が　上手なんです。

그림을 잘 그려요.

- ▶ ～んです
- ▶ ～が　上手です／下手です／苦手です
- ▶ 〔동〕て　みます

A : 何を　読んで　いるんですか。
　　뭘　　읽고　　　　있습니까?

B : 結婚式の　招待状なんです。
　　결혼식　　　초대장(청첩장)이에요.

　　高校の　時の　友達からです。
　　고등학교　　때　　친구한테서 왔어요.

A : 写真も　入って　いますね。あ、この　方ですか。
　　사진도　　들어　　있군요.　아,　이　　분이에요?

B : ええ、彼女は　絵が　とても　上手なんです。
　　네,　　그녀는　그림을　아주　　잘 그려요.

　　今　絵の　勉強を　して　います。
　　지금　그림　공부를　　하고　있어요.

A : ユンさんも　絵が　上手ですか。
　　윤(아무개) 씨도　그림을　잘 그리나요?

B : 私は　全然……。絵や　体育は　とくに　苦手です。
　　저는　전혀…….　그림이나　체육은　특히　못 해요.

---

* 読む(よむ) [동1] 읽다
~んですか　~하는 것입니까? ~하는 거예요?
結婚式(けっこんしき)　결혼식
招待状(しょうたいじょう)　초대장
~なんです　~인 것입니다 ◀명사, ナ형용사의 어간에 붙인다.
* 高校(こうこう)　고등학교
* 時(とき)　때

~からです　(편지, 엽서 등이) ~한테서 왔습니다
* 彼女(かのじょ)　그녀
* 絵(え)　그림
* 上手だ(じょうずだ) [ナ형] 잘 하다, 능숙하다
~が　上手ですか　~을/를 잘 합니까?
ユン [인] 윤 ◀한국인의 성
* 全然(ぜんぜん)　전혀

A： ところで、　プレゼントは　もう　決めましたか。
그런데,　　　　　선물은　　　벌써　　　정했어요?

B： いいえ、　まだ　決めて　いません。
아뇨,　　아직　　정하지　　않았어요.

A： 韓国では　どんな　プレゼントを　するんですか。
한국에서는　　　어떤　　　선물을　　　하나요?

B： そうですね。　彼女は　オーディオ・セットを
글쎄요.　　　　그녀는　　　오디오 (세트)를

ほしがって　いるんですが……。
갖고　　　　싶어하는데…….

でも　友達に　意見を
그래도　　친구에게　　의견을

聞いて　みます。
물어　　　보겠어요.

体育（たいいく）　체육
* とくに　특히
* 苦手だ（にがてだ）［ナ形］서투르다, 딱 질색이다
ところで　그런데　◀화제를 바꿀 때
* プレゼント (present)　프레젠트, 선물
* もう　벌써, 이미
* 決める（きめる）［동2］결정하다

まだ　〜て　いません　아직 〜하지 않았습니다
そうですね　글쎄요
オーディオ・セット (audio set)　오디오 (세트)
* ほしがる　［동1］가지고 싶어하다　◀3인칭의 희망이나 소망을 나타낸다.
* 意見（いけん）　의견
〜て　みます　〜해 보겠습니다
聞いて　みます　물어 보겠습니다

01 ～んです(か)。　　　　　　　　　　～하는 겁니다(겁니까?)

- 「～んです(か)」는 눈앞에 보이는 사실에 대해 묻거나 대답할 때, 어떤 설명을 요구하거나 설명할 때 사용한다.

- 명사와 ナ형용사 다음에는 なんです가 붙는다.

何を　読んで　いるんですか。

뭘 읽고 있는 겁니까?

－結婚式の　招待状なんです。

결혼식 초대장이에요.

どこへ　行くんですか。

어디 가는 거예요?

－歯医者さんへ……　歯が　痛いんです。

치과(의사)에…… 이가 아파서요.

彼女は　絵が　上手なんです。

그녀는 그림을 잘 그려요.

どんな　プレゼントを　するんですか。

어떤 선물을 하나요?

－オーディオ・セットを　プレゼントする　予定です。

오디오 (세트)를 선물할 예정이에요.

<table>
<tr><td>02</td><td>

〜が　上手です。
〜が　下手です。
〜が　苦手です。

</td><td>

〜을/를 잘 합니다.
〜을/를 못합니다.
〜에 서투릅니다.

</td></tr>
</table>

- ‘〜을/를 잘 하다, 잘 못하다’ 라는 말에서 ‘〜을/를’ 은 조사 「を」가 아니라 「が」를 써야 한다.

何が　上手ですか。

무엇을 잘 합니까?

　− 絵が　上手です。

　　그림을 잘 그립니다.

私は　字が　下手です。

나는 글씨를 잘 못 씁니다.

体育が　苦手でした。

체육을 못 했습니다.

<table>
<tr><td>03</td><td>

もう　〔동〕ましたか。
― はい、〔동〕ました。
― いいえ、まだ　〔동〕て　いません。

</td><td>

벌써 〜했어요?
네, 〜했어요.
아뇨, 아직 〜하지 않았어요

</td></tr>
</table>

- 미완료를 나타내는 ‘아직 〜하지 않았습니다’ 는 일본어로 「まだ　〜て　いません」이라고 한다. 「まだ　〜て　いませんでした」라고 하지 않도록 주의한다.

お昼は　もう　食べましたか。

점심은 벌써 먹었어요?

　− はい、うどんを　食べました。

　　네, 우동을 먹었어요.

　− いいえ、まだ　食べて　いません。　これから　食べに　行きます。

　　아뇨, 아직 안 먹었어요. 이제 먹으러 갈 겁니다.

04 〔동〕て　います。

~하고 있습니다. ▶결과·상태 ③

- 현재 사는 곳이나 근무처 등에 대해 물을 때, 즉 「住む(살다)」, 「勤める(근무하다)」, 「働く(일하다)」 등의 동사는 「～て　いる」의 형태로 묻고 대답한다.

  예 どこに　住みますか。
  어디에 살 겁니까?　▶ 앞으로 어디에서 살 것인지를 물을 경우

  どこに　住んで　いますか。
  어디에 살고 있습니까?　▶ 현재 살고 있는 곳이 어디인지를 물을 경우

  キムさんは　マンションに　住んで　います。
  김(아무개) 씨는 아파트에 살고 있습니다.

  イさんは　銀行に　勤めて　います。
  이(아무개) 씨는 은행에 근무하고 있습니다.

  パクさんは　レストランで　働いて　います。
  박(아무개) 씨는 레스토랑에서 일하고 있습니다.

05 私は　～が　ほしいです。
　　～さんは　～を　ほしがって　います。

나는 ~을/를 갖고 싶어요.
~씨는 ~을/를 갖고 싶어해요.

- 「～が　ほしい」는 '~을 자기 것으로 하고 싶다' 라는 표현이며(☞ 2권 3과), 제3자가 갖고 싶은 것을 나타낼 때는 「ほしがる」를 쓴다.

- 「ほしい」는 앞에 조사 「が」를, 「ほしがる」는 앞에 조사 「を」를 붙인다.

  私は　新しい　時計が　ほしいです。
  나는 새 시계를 갖고 싶어요.

  彼女は　オーディオ・セットを　ほしがって　います。
  그녀는 오디오 (세트)를 갖고 싶어해요.

  彼は　お金を　ほしがって　います。
  그는 돈을 갖고 싶어해요.

● 「～て　みる」는 '～을/를 해 보다' 라는 뜻으로, 사실상 눈으로 본다는 「見る」의 뜻은 아니다. 이런 경우의 표기는 한자로 하지 않고 반드시 「かな」로 한다.

意見を　聞いて　みます。

의견을 물어 보겠습니다.

この　キムチ、私が　作りました。　食べて　みて　ください。

이 김치, 제가 만들었어요. 드셔 보세요.

歌って　みます。　聞いて　ください。

(노래를) 불러 보겠어요. 들어 주세요.

一度　私が　やって　みます。　ついて　やって　みて　ください。

제가 한번 해 보겠어요. 따라서 해 보세요.

01 보기와 같이 묻고 대답해 보자.

> 보기 ▶▶ プレゼント／決める
> ➡ プレゼントは　もう　決めましたか。
> － いいえ、まだ　決めて　いません。

(1) 

お昼／食べる

➡ ＿＿＿＿＿＿＿＿＿＿＿＿＿＿＿＿＿＿＿＿＿。

＿＿＿＿＿＿＿＿＿＿＿＿＿＿＿＿＿＿＿＿＿。

(2)

掃除／する

➡ ＿＿＿＿＿＿＿＿＿＿＿＿＿＿＿＿＿＿＿＿＿。

＿＿＿＿＿＿＿＿＿＿＿＿＿＿＿＿＿＿＿＿＿。

(3)

きむらさん／来る

➡ ＿＿＿＿＿＿＿＿＿＿＿＿＿＿＿＿＿＿＿＿＿。

＿＿＿＿＿＿＿＿＿＿＿＿＿＿＿＿＿＿＿＿＿。

02 보기와 같이 말해 보자.

> 보기 ▶▶ 私は　時計が　ほしいです。
> － キムさんは　時計を　ほしがって　います。

(1) 

私は　恋人が　ほしいです。

➡ ＿＿＿＿＿＿＿＿＿＿＿＿＿＿＿＿＿＿＿＿＿。

(2) 私は　仕事が　ほしいです。

➡ ____。

(3) 私は　お金が　ほしいです。

➡ ____。

03 CD의 내용을 받아 쓰고 대답해 보자.　🔘 30

(1) ［絵］

　Q : ____。

　A : ____。

(2) ［友達からの　招待状］

　Q : ____。

　A : ____。

(3) ［アパート］

　Q : ____。

　A : ____。

どうぞ

どうぞ。	앉으세요.
すみません。	미안합니다.
まるやまばつおです。	마루야마 바쯔오입니다.
どうぞ　よろしく　お願いします。	부디 잘 부탁합니다.
さ、さ、どうぞ、どうぞ。	자, 자, 받아, 받아요.
どうも。	고마워요.
また　どうぞ。	또 오세요.

　どうぞ 역시 상황에 따라 뜻이 변하는 카멜레온 단어 중 하나. 보통 ①남에게 물건이나 행동을 권할 때, ②부탁할 때 쓴다.

　자리를 권하는 どうぞ는 '앉으세요', 음식과 술을 권하는 どうぞ는 '드세요' 나 '받으세요'. 먼지도 안 남기고 바가지를 씌운 손님에게 아가씨가 쓰는 どうぞ는 '(또) 오세요'.

　どうぞ는 원래 '아무쪼록, 부디, 잘' 이란 뜻의 부사. 그래서 どうぞ 뒤에는 부디 '어찌저찌 하십시오', 모쪼록 '이러저러 해라' 란 말이 온다. 그런데 생략해서 말하기 좋아하는 일본인들, 어찌저찌 하라는 부분을 싹 빼고 どうぞ, どうぞ만 하다 보니 이렇게 뜻이 다양해졌다. 처음에는 뭘 어떻게 하라는 건지 당황하게 되지만, 눈치로 금방 상황 판단이 가능하니 걱정할 필요는 없다.

　참고로, 세 번째 만화의 가게는 우리의 호프집이나 소주방과 비슷한 いざかや(居酒屋)이다.

どうも

<table>
<tr><td>どうぞ。</td><td>여기요(쓰세요).</td></tr>
<tr><td>どうも。</td><td>고마워요.</td></tr>
<tr><td>どうも。</td><td>안녕하세요.</td></tr>
<tr><td>あ、どうも。</td><td>아, 네(안녕하세요).</td></tr>
<tr><td>それじゃ。</td><td>그럼 이만.</td></tr>
<tr><td>どうも。</td><td>네, 안녕히.</td></tr>
<tr><td>失礼します。</td><td>실례하겠습니다.</td></tr>
</table>

どうもは ①감사의 말 ②사과의 말 ③만나고 헤어질 때의 인사말로 쓰인다. 이 말 역시 '매우, 정말'이란 뜻을 가진 부사. 정말 '어찌어찌하다', 매우 '어떻다' 등, 뒤의 말들이 생략되다 보니 이렇게 뜻이 다양해지고 애매모호해졌다.

첫번째 만화처럼 볼펜을 빌린 청년이 쓰는 どうも는 '미안합니다(どうも すみません)'인지 '고맙습니다(どうも ありがとうございます)'인지 알쏭달쏭하지만, 어쨌든 뜻은 충분히 전달된다. 하루에도 몇 번씩 부딪히는 사람들과 일일이 인사 나누는 게 번거로울 때도 どうも, 전화를 걸거나 끊을 때도 どうも, 동료들과 술 한잔 나누고 헤어질 때도 どうも.

일본 사람들도 이 뜻을 하나하나 가려서 쓰지는 않는다. 의사를 정확히 전달한다는 관점에서 보면 무작정 どうも만 사용하는 게 바람직하지 않다는 이들도 많다. 그러나 일본 사람들은 말 표면에 드러나는 뜻보다 감춰진 뜻을 중시하는 경향이 있다. 그 이유 때문인지 두리뭉실 どうも의 인기는 떨어질 줄 모른다.

일본의 지역별 유명한 라면

1) 「博多(はかた)」의 「とんこつラーメン」

「とんこつ」는 돼지뼈로 국물 맛을 내는 것인데요, 라면에 삶은 돼지 고기와 잘게 썬 생강, 마늘즙 등을 넣어서 먹습니다.

2) 「札幌(さっぽろ)」의 「みそラーメン」

「みそラーメン」은 일본 된장으로 국물 맛을 내는 것인데요, 여기에다가 볶은 야채를 얹어 마무리를 하는 것이 정통 「札幌(さっぽろ)」식 라면입니다.

3) 「喜多方(きたかた)」의 「しょうゆラーメン」

「しょうゆラーメン」은 간장으로 국물 맛을 낸 것인데요, 쫄깃쫄깃한 태면 면발에 간장, 돼지뼈, 멸치, 야채 등을 넣어 만든 스프가 깊으면서도 산뜻한 맛 을 전해주는게 특징입니다.

4) 「函館(はこだて)」의 「しおラーメン」

기존의 「北海道(ほっかいどう)」의 「しおラーメン」은 국물의 기름이 많고 진한 맛이 특징이라면, 「函館(はこだて)」의 「しおラーメン」은 개운한 맛이 특징입니다.

07

うまく　いくと　思います。

잘 될 거라고 생각합니다.

주요 문법내용
▶ ・~でしょう(か)
▶ ~と　思う
▶ ~と　いう

寒い	10度	下がる	思う	冬	日	続く	少し	和らぐ

三寒四温	言う	海外	進む	戦略	時間	生産	販売

問題　覚悟

マイナス(minus)　　プロジェクト(project)　　グローバル(global)

A : 寒いですね。 あしたも 寒いでしょうか。
　　춥군요.　　　　내일도　　　　추울까요?

B : ええ、 たぶん マイナス 10度ぐらいまで 下がると
　　네,　아마　　마이너스　　　　10도 정도까지　　내려갈 거라고

思います。
생각합니다.

A : 韓国の 冬は 寒い 日が ずっと 続くんでしょうか。
　　한국의　겨울은　추운　날이　쭉　　　이어집니까?

B : いいえ、 3日間は 寒くて、 4日間は 寒さが 少し
　　아뇨,　　3일 동안은　　춥고,　　4일 동안은　　추위가　　조금

和らぎます。
풀립니다.

A : あ、 それを 三寒四温と いうんでしょう?
　　아,　그걸　　삼한사온　　　이라고 하지요?

B : ええ、 そうです。
　　네,　　그렇습니다.

ところで 海外プロジェクトは
그런데　　해외 프로젝트는

進んで いますか。
진전되고　　있습니까?

---

* 寒い(さむい) [イ形] 춥다
　～でしょうか ～일까요? ◀추측
* たぶん 아마
* マイナス(minus) 마이너스, 영하
* ～度(ど) ～도 ◀온도를 나타내는 조수사
* 下がる(さがる) [動1] 내려가다
* 思う(おもう) [動1] 생각하다

　～と 思います ～라고 생각합니다
* 冬(ふゆ) 겨울
* 日(ひ) 날
* 続く(つづく) [動1] 계속되다
　続くんでしょうか 계속됩니까?
　3日間(みっかかん) 3일간
　4日間(よっかかん) 4일간

　寒さ(さむさ) 추위
* 少し(すこし) 조금
　和らぐ(やわらぐ) [動1] 풀리다, 누그러지다
　三寒四温(さんかんしおん) 삼한사온
* 言う(いう) [動1] 말하다
　～と いう ～라고 하다
　～んでしょう ～하지요, ~잖아요 ◀확인

A : ええ、　うちでは　それを　「グローバル戦略(せんりゃく)」と

네,　　우리 회사에선　　그걸　　　'글로벌 전략' 이라고

いって　いますが。

하고　　　　있습니다만.

B : グローバル戦略(せんりゃく) ですか。

글로벌 전략이요?

A : ええ。　時間(じかん)は　かかるかも　しれませんが、　うまく

네.　　시간은　　　걸릴지도　　　　모르지만,　　　잘 될

いくと　思(おも)います。

거라고　　　생각합니다.

B : そうですか。　海外(かいがい)での　生産(せいさん)と　販売(はんばい)は　難(むずか)しい

그렇습니까?　　　　해외에서 하는　　생산과　　판매는　　　어려운
(해외에서 생산 · 판매하는 일)

問題(もんだい)が　たくさん　あるかも　しれませんね。

문제가　　　　많이　　　있을지도　　　　모르겠네요.

A : ええ。　覚悟(かくご)は　して　います。

네.　　각오는　　하고　　있어요.

B : 大変(たいへん)だと　思いますが、　がんばって　ください。

고생될 거라고　　생각합니다만,　　　　힘을　　　　내세요.

<table>
<tr><td>海外(かいがい)　해외</td><td>うまく　いく　잘 되다</td></tr>
<tr><td>プロジェクト(project)　프로젝트, 계획</td><td>生産(せいさん)　생산</td></tr>
<tr><td>進む(すすむ)　[동1] 진전되다, 진행되다</td><td>販売(はんばい)　판매</td></tr>
<tr><td>グローバル(global)　글로벌, 세계적인</td><td>* 問題(もんだい)　문제</td></tr>
<tr><td>戦略(せんりゃく)　전략</td><td>覚悟(かくご)　각오</td></tr>
<tr><td>* 時間(じかん)　시간</td><td>* がんばる　[동1] 분발하다, 힘내다</td></tr>
<tr><td>～かも　しれません　～일지도 모릅니다</td><td>がんばって　ください　힘내세요, 분발하세요</td></tr>
</table>

01

~でしょう（か）。
~と　思います（か）。

~겠지요（~ㄹ까요?）　▶추측

~라고 생각합니다（~라고 생각합니까?）

- 「~でしょう（か）」가 '~겠지요(일까요?)' 라는 추측의 뜻으로 쓰일 때는 끝의 억양을 내린다.

- 「~と　思います（か）」는 '~라고 생각합니다(생각합니까?)' 라는 뜻으로, 추측이나 판단을 말한다. 명사와 ナ형용사는 「~だと　思います」가 된다.

海外プロジェクトは　うまく　いくでしょうか。

해외 프로젝트는 잘 될까요?

　－ ええ、うまく　いくと　思います。

　　네, 잘 될 거라고 생각해요.

　－ ええ、うまく　いくでしょう。

　　네, (분명) 잘 될 거에요.

あの　人が　ミス・コリアでしょうか。

저 사람이 미스코리아일까요?

　－ ええ、たぶん　あの　人が　ミス・コリアに　なると　思います。

　　네, 아마 저 사람이 미스코리아가 될 거라고 생각해요.

　－ ええ、たぶん　あの　人が　ミス・コリアに　なるでしょう。

　　네, 아마 저 사람이 미스코리아가 되겠지요.

あしたも　寒いでしょうか。

내일도 추울까요?

　－ ええ、マイナス　10度まで　下がると　思います。

　　네, 마이너스 10도까지 내려갈 거라고 생각해요.

　－ ええ、マイナス　10度まで　下がるでしょう。

　　네, 마이너스 10도까지 내려가겠지요.

これ、便利でしょうか。

이거, 편리할까요?

　－ いいえ、それは　不便だと　思います。

　　아뇨, 그건 불편할 거라고 생각해요.

- 「〜かも　しれません」은 '〜ㄹ지도 모릅니다'의 뜻이다. 「しれません」을 「しりません」이라고 하지 않도록 주의하자.

カンさんからの　招待^{しょうたい}かも　しれません。

강 씨로부터 온 초대일지도 모릅니다.

彼^{かれ}は　寂^{さび}しいかも　しれません。

그는 외로울지도 모릅니다.

残業^{ざんぎょう}は　大変^{たいへん}かも　しれません。

잔업은 힘들지도 모릅니다.

時間^{じかん}が　かかるかも　しれません。

시간이 걸릴지도 모릅니다.

- 「〜でしょう」는 '〜지요, 〜잖아요'의 뜻으로, 자기가 하는 말을 상대방에게 재확인할 때도 쓴다. 이 때는 끝의 억양이 올라간다.

- 「〜ん」은 「〜の」[no]의 모음 [o]가 줄어서 「でしょう」 앞에 붙은 것으로, 문장 전체를 더 부드럽게 들리게 한다.

明日、　テストが　あるんでしょう。
내일 시험이 있지요?

これ、　おいしいでしょう。
이거, 맛있죠?

暑いでしょう。　窓^{まど}を　開^あけて　ください。
덥죠? 창문을 여세요.

この　本、　あなたのでしょう。
이 책, 당신 거지요?

04 ～と　いいます。　～라고 합니다.

● 「～と　いいます」의 「～と」는 '~라고'의 뜻으로, 「と」 앞에 오는 부분을 지정하거나 인용해서 말할 경우에 사용한다.

三日間は　寒くて、四日間は　寒く　ありません。
3일간은 춥고 4일간은 춥지 않습니다.

　－ それを　三寒四温と　いいます。
　그것을 삼한사온이라고 합니다.

かばんは　韓国語でも　カバンと　いいます。
가방은 한국어로도 가방이라고 합니다.

それを　グローバル戦略と　いって　います。
그것을 글로벌 전략이라고 합니다.

- イ형용사를 명사로 만들 때는 イ형용사의 어미「い」대신「さ」를 붙인다.

おいしい 맛있다　　➡　　おいしさ 맛, 맛있음

冷たい 차다　　➡　　冷たさ 차가움, 냉정함

暖かい 따뜻하다　　➡　　暖かさ 따뜻함

暑い 덥다　　➡　　暑さ 더위

涼しい 시원하다　　➡　　涼しさ 시원함

寒い 춥다　　➡　　寒さ 추위

06　**春・夏・秋・冬（はる・なつ・あき・ふゆ）**　　봄・여름・가을・겨울
　　春夏秋冬（しゅんかしゅうとう）　　춘하추동

- 우리말에서는 '봄, 여름, 가을, 겨울' 이라고 할 수도 있고, '춘하추동' 이라고 할 수 있는데, 일본어도 마찬가지이다. 고유어로 읽었을 때는 「はる・なつ・あき・ふゆ」가 되며, 한자어로 읽었을 때는 「しゅんかしゅうとう」가 된다.

春は　暖かくて、**夏**は　暑い。
봄은 따뜻하고, 여름은 덥다.

秋は　涼しくて、**冬**は　寒い。
가을은 시원하고, 겨울은 춥다.

01 다음 イ형용사를 명사로 만들어 보자.

(1) 大きい ➡ _______________________

(2) 長い ➡ _______________________

(3) 高い ➡ _______________________

(4) 深い ➡ _______________________

02 보기와 같이 대답해 보자.

보기 ▶▶ さとうさんは　すぐ　来るでしょうか。
－ はい、すぐ　来ると　思います。

(1)  きむらさんは　今　家に　いるでしょうか。

➡ _______________________________________。

(2)  北海道は　寒いでしょうか。

➡ _______________________________________。

(3)  ソウルの　交通は　便利でしょうか。

➡ _______________________________________。

03　다음을 일본어로 옮겨 보자.

(1) 이거 기무라 씨의 가방이지요?

➡ ____。

(2) 기무라 씨 가방일지도 모릅니다.

➡ ____。

04　CD의 내용을 받아 쓰고 대답해 보자.　🔘 33

(1) ［三寒四温］

Q : ____。

A : ____。

(2) ［春夏秋冬］

Q : ____。

A : ____。

アパート와 아파트

신도시에 새로 지어진 고층아파트나 한강변 아파트의 야경은 꽤 볼 만하다. 우리 나라에서 아파트란 누구나 원하는 훌륭한 집이다. 일본에도 물론 **アパート**가 있는데, 우리 나라 아파트와는 전혀 다르다. 철근 콘크리트는 어림도 없고, 3층 이상도 없다. 2층 목조에다 화장실은 공동, 욕실도 없다. 만화를 보자.

물론 이 건물 전체가 다나까 씨네 집은 아니다. 여러 개 있는 창문 중 하나의 방이 다나까의 **アパート**다. 철근 콘크리트에 엘리베이터가 딸린 우리 나라의 아파트, 일본어로 **マンション**이라 한다. 고급빌라나 원룸맨션도 **マンション**이라고 하면 통한다.

「義理(ぎり)チョコ」가 뭐죠?

발렌타인 데이는 일본어로 「バレンタインデー」라고 합니다. 그런데 일본 여성들은 꼭 마음에 두고 있는 상대가 아닐지라고 회사 동료나 직장상사 혹은 친구사이도 초콜릿을 주는데요, 이 초콜릿을 「義理:의리」라는 단어를 써서 「義理チョコ」라고 합니다. 좋아하는 사람에게 주는 초콜릿을 「本命(ほんめい)チョコ」라고 하는데요, 「義理チョコ」는 적당한 가격과 크기의 것이지만 본심이 담겨있는 「本命(ほんめい)チョコ」는 포장이 화려한 것이나 직접 손으로 만든 것을 준답니다. 만약 「義理チョコ」를 너무 좋은 것으로 준다면 상대방이 자신을 좋아한다고 오해할 경우가 생길 수도 있으니 이점은 주의해야겠지요?

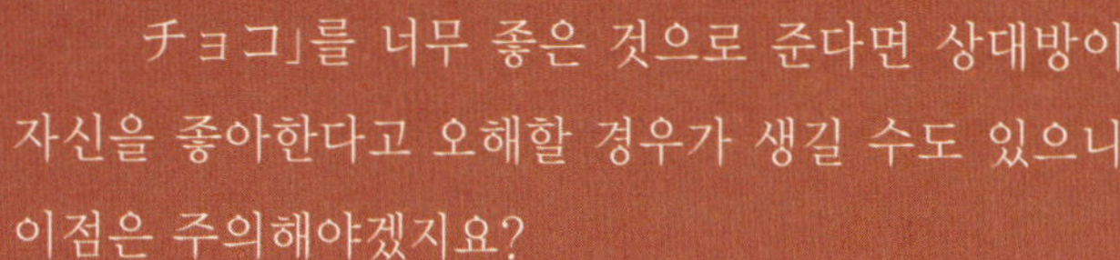

08

撮らないで　ください。
찍지 마세요.

주요 문법내용
- ▶ 〔동〕ても　いいです（か）
- ▶ 〔동〕ては　いけません
- ▶ 〔동〕ないで　ください

Warming up

音　出す　大声　話す　触る　走る　お菓子　飲み物　持ち込む

ラジオ(radio)　ガム(gum)

ここで　写真を　撮っては　いけません。
여기서　　사진을　　찍으면　　안 됩니다.

写真を　撮らないで　ください。
사진을　　찍지　　마세요.

大きい　音を　出しては　いけません。
큰　　소리를　　내서는　　안 됩니다.

大声で　話さないで　ください。
큰 목소리로　　이야기하지　　마세요.

ラジオの　音も　小さく　して　ください。
라디오　　소리도　　작게　　하세요.

ものに　触っては　いけません。たたいても　いけません。
물건을　　만져서는　　안 됩니다.　　두드려서도　　안 됩니다.

何も　触らないで　ください。
아무것도　　만지지　　마세요.

走らないで、静かに　歩いて　ください。
뛰지 말고　　조용히　　걸으세요.

中で　お菓子を　食べては　いけません。
안에서　　과자를　　먹어서는　　안 됩니다.

お菓子や　飲み物は　持ち込まないで　ください。
과자나　　음료수는　　가지고 들어가지　　마세요.

また　ガムを　かみながら　歩かないで　ください。
또　　껌을　　씹으면서　　걷지　　마세요.

단어 쏙쏙 익히기 ◉ 35

~ては　いけません　~해서는 안 됩니다
~ないで　ください　~하지 마세요, ~하지 마십시오
* 音(おと)　소리, 음
* 出す(だす)　[동1] (소리를) 내다
大声(おおごえ)　큰 목소리
* 話す(はなす)　[동1] 이야기하다

ラジオ(radio)　라디오
* 触る(さわる)　[동1] 만지다
~に　触る　~을/를 만지다
たたく　[동1] 두드리다
~ても　いけません　~해도 안 됩니다
* 走る(はしる)　[동1] 달리다, 뛰다
~ないで　~(하)지 말고
静かに(しずかに)　조용히

* お菓子(おかし)　과자
◀ お는 菓子를 꾸미는 접두어
* 飲み物(のみもの)　음료수
* 持ち込む(もちこむ)　[동1] 가지고 들어가다
ガム(gum)　껌
* かむ　[동1] (껌을) 씹다, 물다

A : もう　中[なか]に　入[はい]っても　いいですか。
　　이젠　　　안에　　　들어가도　　　됩니까?

B : いいえ、　まだ　入[はい]っては　いけません。
　　아뇨,　　　아직　　들어가서는　　　안 됩니다.

01

[동]ても(でも)　いいですか。
— はい、　どうぞ。
— いいえ、　〜ては(では)　いけません。

~해도 됩니까?　▶ 허가 · 승낙을 구하는 표현
네, 하세요.
아니오, ~해서는 안 됩니다.

- 「〜ても　いいですか」는 '~해도 됩니까?, ~해도 괜찮겠습니까?' 라는 뜻으로, 상대방에게 허가나 승낙을 구하는 표현이다.

- 허가할 때는 「〜ても　いいです」 또는 「どうぞ」라는 표현을 쓴다.

- 「〜ては　いけません」은 '~해서는 안 됩니다' 라는 금지의 뜻을 나타낸다.

写真を　撮っても　いいですか。
사진을 찍어도 됩니까?

- はい、　どうぞ。
  네, 찍으세요.
- いいえ、　撮っては　いけません。
  아뇨, 찍어서는 안 됩니다.

触って　みても　いいですか。
만져 봐도 됩니까?

— いいえ、　ものに　触っては　いけません。
아뇨, 물건을 만져서는 안 됩니다.

たばこを　吸っても　いいですか。
담배를 피워도 됩니까?

— すみません。　ここで　たばこを　吸っては　いけません。
죄송합니다. 여기서 담배를 피워서는 안 됩니다.

- 「〜ない」는 '〜지 않다' 라는 뜻으로 부정의 의미를 가진다.

- 「〜ません」의 보통체이다(보통체에 대해서는 다음 과에서 다루기로 한다).

〔1그룹 동사〕 기본형 끝의 「う段」음을 「あ段」음으로 바꾸고 「ない」를 붙임	いう 말하다	➡	いわない(わいうえを) 말하지 않다 *기본형 끝이 「う」로 끝났을 때는 「あ」가 아니고 「わ」로 바꾼다
	かく 쓰다	➡	かかない(かきくけこ) 쓰지 않다
	およぐ 헤엄치다	➡	およがない(がぎぐげご) 헤엄치지 않다
	はなす 이야기하다	➡	はなさない(さしすせそ) 이야기하지 않다
	かつ 이기다	➡	かたない(たちつてと) 이기지 않다
	しぬ 죽다	➡	しなない(なにぬねの) 죽지 않다
	のむ 마시다	➡	のまない(まみむめも) 마시지 않다
	とる 찍다	➡	とらない(らりるれろ) 찍지 않다
	예외 ある 있다	➡	ない　(×)あらない 없다
〔2그룹 동사〕 기본형 끝의 「る」를 없애고 「ない」를 붙임	おきる 일어나다	➡	おきない 일어나지 않다
	たべる 먹다	➡	たべない 먹지 않다
	いる 있다	➡	いない 없다
〔3그룹 동사〕 외운다	くる 오다	➡	こない 오지 않다
	する 하다	➡	しない 하지 않다
	예 勉強する 공부하다	➡	勉強しない 공부하지 않다

03 〔동〕ないで ください।

~하지 마세요.

- 「~ないで ください」는 금지를 나타내는 표현이다.

写真を 撮らないで ください。
사진을 찍지 마세요.

大声で 話さないで ください。
큰 소리로 이야기하지 마세요.

ここには 来ないで ください。
여기에는 오지 마세요.

04 〔동〕ないで、〔동〕て ください。

~하지 말고, ~하세요.

- 동사의 ない형에 「て」를 접속하면 「~なくて」와 「~ないで」가 된다.
- 「~なくて」는 '~하지 않아서' 라는 원인, 이유를 나타낸다.
- 「~ないで」는 '~하지 않고' 라는 상태의 의미를 나타낸다. 또한 「~ないで」는 '~하지 말고, ~하지 말아' 라는 금지의 의미도 있다.

예 ご飯を 食べないで 来て ください。
밥을 먹지 말고 오세요. ▶ 금지

本を 見ないで 書きました。
책을 보지 않고 썼습니다. ▶ 상태

- 「Aないで、Bて ください」는 'A를 하지 말고, B를 해 주세요' 라고 해석하면 된다.

お酒ばかり 飲まないで、ご飯も 食べて ください。
술만 마시지 말고, 밥도 드세요.

仕事ばかり しないで、休んで ください。
일만 하지 말고, 쉬세요.

05 〔イ형〕く　　　　　　　　　　　　　　　　　　　　　　　　　～게 ▶イ형용사의 부사형

- イ형용사의 어미 「い」를 「く」로 바꾸면 동사를 수식하는 형태(부사형)가 된다.

音を　小さく　して　ください。

소리를 작게 해 주세요.

大きく　書いて　ください。

크게 써 주세요.

短く　話して　ください。

짧게 말해 주세요.

06 〔ナ형〕に　　　　　　　　　　　　　　　　　　　　　　　　　～게 ▶ナ형용사의 부사형

- ナ형용사를 동사를 수식하는 형태(부사형)로 사용하려면 ナ형용사의 어미 「だ」를 「に」로 바꾼다.

静かに　歩いて　ください。

조용히 걸으세요.

きれいに　掃除して　ください。

깨끗하게 청소해 주세요.

キムさんが　上手に　説明して　います。

김(아무개) 씨가 능숙하게 설명하고 있습니다.

01 보기와 같이 말해 보자.

> 보기 ▶▶ 有名だ ➡ 有名に　なりました。
> 　　　　 小さい ➡ 小さく　なりました。

(1) 暗い　➡ ＿＿＿＿＿＿＿＿＿＿＿。 (2) きれいだ　➡ ＿＿＿＿＿＿＿＿＿＿＿。

(3) 大きい ➡ ＿＿＿＿＿＿＿＿＿＿＿。 (4) 上手だ　➡ ＿＿＿＿＿＿＿＿＿＿＿。

(5) 難しい ➡ ＿＿＿＿＿＿＿＿＿＿＿。 (6) 静かだ　➡ ＿＿＿＿＿＿＿＿＿＿＿。

02 동사의 「ない형」을 말해 보자.

(1) 見る　➡ ＿＿＿＿＿＿＿＿＿ 　(2) する　➡ ＿＿＿＿＿＿＿＿＿

(3) 行く　➡ ＿＿＿＿＿＿＿＿＿ 　(4) およぐ ➡ ＿＿＿＿＿＿＿＿＿

(5) 食べる ➡ ＿＿＿＿＿＿＿＿＿ 　(6) 言う　➡ ＿＿＿＿＿＿＿＿＿

(7) 話す　➡ ＿＿＿＿＿＿＿＿＿ 　(8) 来る　➡ ＿＿＿＿＿＿＿＿＿

(9) いる　➡ ＿＿＿＿＿＿＿＿＿ 　(10) ある　➡ ＿＿＿＿＿＿＿＿＿

03 보기와 같이 말해 보자.

> 보기 ▶▶ お酒を　飲む
> 　　　　 ➡ お酒を　飲んでも　いいですか。
> 　　　　　　 ┌ いいえ、お酒を　飲んでは　いけません。
> 　　　　　　 └ いいえ、お酒は　飲まないで　ください。

(1)　　　　　　　　　　　　 お菓子を　食べる

　　　　　　　　　　　　➡ ＿＿＿＿＿＿＿＿＿＿＿＿＿＿＿＿＿。

　　　　　　　　　　　　 ┌ ＿＿＿＿＿＿＿＿＿＿＿＿＿＿＿。
　　　　　　　　　　　　 └ ＿＿＿＿＿＿＿＿＿＿＿＿＿＿＿。

(2)

日本語で　話す

➡ ______________________________________。

   [______________________________________。

      ______________________________________。

(3)

一人で　行く

➡ ______________________________________。

   [______________________________________。

      ______________________________________。

04 CD의 내용을 받아 쓰고 대답해 보자.　🔘 38

(1) ［いいえ］

   Q : ______________________________________。

   A : ______________________________________。

(2) ［いいえ、大きい］

   Q : ______________________________________。

   A : ______________________________________。

(3) ［はい、〜ないで　ください］

   Q : ______________________________________。

   A : ______________________________________。

일본의 전통복 「着物(きもの)」의 종류

1) 「振袖(ふりそで)」

후리소데는 가장 대표적인 「着物」인데요, 소매가 매우 길며 미혼여성만 입을 수 있습니다.

2) 「袴(はかま)」

하카마는 「着物」위에 입는 주름잡힌 하의를 말합니다. 주로 대학 졸업식에서 많이 입습니다.

3) 「浴衣(ゆかた)」

유카타는 여름에 입는 간단한 「着物」인데요, 일본의 불꽃놀이인 「花火大会(はなびたいかい)」를 볼 때 많이 입습니다.

4) 「帯(おび)」

「着物」위에 허리에 감아서 묶는, 배낭같이 생긴 긴 천을 오비라고 합니다.

5) 「下駄(げた), 草履(ぞうり)」

게다는 「着物」를 입을 때 신는 신발인데요, 나무로 만든 것을 「下駄」, 짚, 대나무와 같이 나무 이외의 소재로 만든 것을 「草履」라고 합니다.

ぼくの　夢は　パイロットだった。

내 꿈은 파일럿이었다.

주요 문법내용

▶ 보통체

しょうがくせい 小学生	ゆめ 夢	こども 子供	ひこうき 飛行機	そら 空	じゆう 自由	と 飛ぶ	ちゅうがくせい 中学生	むちゅう 夢中だ
なつ 懐かしい	こうこうせい 高校生	しょうらい 将来	ふあん 不安	かん 感じる	こうかい 後悔	ふつう 普通	しゃかいじん 社会人	
しゅうまつ 週末	やま 山	しゅみ 趣味	とり 鳥					

パイロット(pilot)　　　テレビ・ゲーム(television game)　　　ソフト(soft)

ハング・グライディング(hang gliding)

<ruby>小学生<rt>しょうがくせい</rt></ruby>の　<ruby>時<rt>とき</rt></ruby>、ぼくの　<ruby>夢<rt>ゆめ</rt></ruby>は　パイロットだった。
초등학생　　　때,　　내　　꿈은　　　　　파일럿이었다.

<ruby>今<rt>いま</rt></ruby>も　そうだが、<ruby>子供<rt>こども</rt></ruby>の　<ruby>時<rt>とき</rt></ruby>から　<ruby>飛行機<rt>ひこうき</rt></ruby>が　とても
지금도　　그렇지만,　　아이　　때부터　　비행기를　　매우

<ruby>好<rt>す</rt></ruby>きだった。
좋아했다.

ぼくは　<ruby>飛行機<rt>ひこうき</rt></ruby>に　<ruby>乗<rt>の</rt></ruby>って、<ruby>空<rt>そら</rt></ruby>を　<ruby>自由<rt>じゆう</rt></ruby>に　<ruby>飛<rt>と</rt></ruby>んで
나는　　비행기를　　타고,　하늘을　　자유롭게　　날아 보고

みたかった。
싶었다.

단어 쏙쏙 익히기 40

小学生(しょうがくせい)　초등학생
* ぼく(僕)　나 ◀남자가 사용하는 1인칭 대명사
* 夢(ゆめ)　꿈, 포부, 희망
パイロット(pilot)　파일럿, 조종사
～だ　～(이)다
～だった　～이었다 ◀명사와 ナ형용사의 과거형
パイロットだった　파일럿이었다
* 子供(こども)　아이, 자식

* 飛行機(ひこうき)　비행기
好きだった　좋아했다 ◀好きだ의 과거형
* 空(そら)　하늘
* 自由だ(じゆうだ)　[ナ형] 자유롭다
自由に　자유롭게
* 飛ぶ(とぶ)　[동1] 날다
飛んで みたかった　날아 보고 싶었다
◀飛んで みたい의 과거형

<ruby>中学生<rt>ちゅうがくせい</rt></ruby>の <ruby>時<rt>とき</rt></ruby>は テレビ・ゲームに <ruby>夢中<rt>むちゅう</rt></ruby>だった。
중학생　　　　　때는　　　텔레비전 게임(전자 오락)에　　　푹 빠졌었다.

<ruby>勉強<rt>べんきょう</rt></ruby>は しないで ゲームばかり して いた。
공부는　　　　안 하고　　　게임만　　　　했다.

ぼくは ゲーム・ソフトを <ruby>作る<rt>つく</rt></ruby> <ruby>人<rt>ひと</rt></ruby>に なりたいと
나는　　　게임 소프트웨어를　　　만드는　사람이　　되고 싶다고

<ruby>思<rt>おも</rt></ruby>って いた。
생각했다.

その <ruby>時<rt>とき</rt></ruby>が とても <ruby>懐<rt>なつ</rt></ruby>かしい。
그　때가　매우　그립다.

中学生(ちゅうがくせい) 중학생	して いた 했다, 하고 있었다
テレビ・ゲーム (television game) 텔레비전 게임,	◀して いる의 과거형
전자 오락	ゲーム・ソフト (game soft) 게임 소프트 웨어
夢中だ(むちゅうだ) [ナ형] 열중이다, 푹 빠지다	思って いた 생각했다, 생각했었다
夢中だった 푹 빠졌다 ◀夢中だ의 과거형	◀思って いる의 과거형
～ばかり ～만, ～뿐 ◀한정	懐しい(なつかしい) [イ형] 그립다

단어 쏙쏙 익히기 🔘 42

こうこうせい
高校生に　なり、ぼくは　将来に　不安を　感じた。
고등학생이　　　되어,　　나는　　장래에　　불안을　　느꼈다.

たくさんの　本を　読んだ。大学には　行かなかった。
많은　　　　책을　읽었다.　대학에는　　　가지 않았다.

それは　今でも　後悔して　いない。
그건　　지금도　후회하지　　　않는다.

* **高校生**（こうこうせい）　고등학생
* **将来**（しょうらい）　장래
　不安（ふあん）　불안
　感じる（かんじる）　[동1] 느끼다
　感じた　느꼈다　◀感じる의 과거형

* **たくさんの**　많은
　読んだ　읽었다　◀読む의 과거형
　今でも（いまでも）　지금도
　後悔（こうかい）　후회

ぼくは　今　普通の　社会人だ。
<ruby>今</ruby> ふつう しゃかいじん
나는　　지금　평범한　　사회인이다.

仕事を　しながら、　週末は　山に　行く。
しごと しゅうまつ やま
일을　　하면서　　주말에는　산에　간다.

趣味は　ハング・グライディングだ。
しゅみ
취미는　　행글라이딩이다.

空を　飛ぶ　時、ぼくは　鳥に　なりたいと　思う。
そら と とき とり おも
하늘을　날　때,　나는　새가　되고 싶다고　생각한다.

* **普通の**(ふつうの)　보통의, 평범한
　社会人(しゃかいじん)　사회인
　週末(しゅうまつ)　주말
* **山**(やま)　산
* **趣味**(しゅみ)　취미
　ハング・グライディング(hang gliding)　행글라이딩
* **鳥**(とり)　새

01 보통체 ① 현재형

- 보통체란 '~입니다, ~아닙니다, ~합니다, ~했습니다' 처럼 공손한 말이 아니라 '~이다, ~아니다, ~한다, ~했다' 와 같은 보통의 말씨를 말한다. 문법책에서는 플레인폼(plain form)이란 말을 쓰기도 한다.

- 명사, ナ형용사의 보통체는 정중체의 「です」를 「だ」로 바꾸지만, イ형용사의 경우는 기본형 그대로 사용하므로 주의해야 한다. 동사의 보통체도 기본형 그대로 사용한다.

- 「～だ」는 명사나 ナ형용사의 보통체에 붙으며, 「～だ」의 부정형은 「～では（じゃ）ない」가 된다.

	정중체	보통체
명사	本です。 책입니다. 本では（じゃ）ありません。 책이 아닙니다.	本だ。 책이다. 本では（じゃ）ない。 책이 아니다.
イ 형용사	おもしろいです。 재미있습니다. おもしろく ありません。 재미있지 않습니다.	おもしろい。 재미있다. おもしろく ない。 재미있지 않다.
ナ 형용사	きれいです。 깨끗합니다. きれいでは（じゃ）ありません。 깨끗하지 않습니다.	きれいだ。 깨끗하다. きれいでは（じゃ）ない。 깨끗하지 않다.
동사	買います。 삽니다. 買いません。 사지 않습니다.	買う。 사다. 買わない。 사지 않다.

これは　マンガでは　ない。 이것은 만화가 아니다.

あそこは　公園だ。 저기는 공원이다.

イ先生は　やさしいが、キム先生は　やさしく　ない。
이 선생님은 상냥하지만, 김 선생님은 상냥하지 않다.

私は　お酒も　好きだが、たばこも　嫌いでは　ない。
나는 술도 좋아하지만, 담배도 싫어하지 않는다.

ニュースは　見るが、ドラマは　見ない。
뉴스는 보지만, 드라마는 보지 않는다.

- 보통체의 과거형(た형)은 명사나 ナ형용사의 경우, 정중체의 「〜でした」 대신에 「〜だった」를 붙여 만든다. イ형용사의 경우는 정중체의 「〜かったです」에서 「〜です」를 없앤 「〜かった」의 형태이다.

- 명사나 ナ형용사의 보통체의 과거형 「〜だった」의 부정형은 「〜では(じゃ) なかった」가 된다.

	정중체	보통체
명사	会社員でした。 회사원이었습니다. 会社員では(じゃ)　ありませんでした。 회사원이 아니었습니다.	会社員だった。 회사원이었다. 会社員では(じゃ)　なかった。 회사원이 아니었다.
イ 형용사	おもしろかったです。 재미있었습니다. おもしろく　ありませんでした。 재미있지 않았습니다.	おもしろかった。 재미있었다. おもしろく　なかった。 재미있지 않았다.
ナ 형용사	きれいでした。 깨끗했습니다. きれいでは(じゃ)　ありませんでした。 깨끗하지 않았습니다.	きれいだった。 깨끗했다. きれいでは(じゃ)　なかった。 깨끗하지 않았다.
동사	買いました。 샀습니다. 買いませんでした。 사지 않았습니다.	買った。 샀다. 買わなかった。 사지 않았다.

ぼくの　夢は　パイロットだった。

나의 꿈은 파일럿이었다.

ここは　昔　病院だった。 今は　駐車場に　なって　いる。

여기는 옛날에는 병원이었다. 지금은 주차장이 되었다.

カルビは　おいしかったが、高かった。

갈비는 맛있었지만, 비쌌다.

飛行機が　好きだった。

비행기를 좋아했다.

くつと　かばんを　買った。
구두와 가방을 샀다.

パイロットに　なりた**かった**。
파일럿이 되고 싶었다.

03　〜に　　　　　　　　　　　　　　　　〜에

- 「〜に」는 동작의 대상을 나타낸다.

テレビ・ゲームに　夢中 だった。
텔레비전 게임(전자 오락)에 푹 빠졌었다.

将来に　不安を　感じた。
장래에 불안을 느꼈다.

04　〜に

- 지금까지 배운 「〜に」의 여러 가지 용법을 간단하게 정리해 보자.

① 장소	中に　あります	▶ 1권 4과
② 때, 시간	6時に　起きます	▶ 1권 7과
③ 방향	会社に　行きます	▶ 1권 7과
④ 도착 지점	会社に　着きます	▶ 1권 7과
⑤ 대상	友達に　会います	▶ 1권 8과
⑥ 목적	遊びに　行きます	▶ 2권 1과
⑦ 결과	デザイナーに　なりたいです	▶ 2권 3과

01 정중체의 문장을 보통체의 문장으로 바꾸어 보자.

(1) 
これは　日本語の　雑誌です。

➡ ____。

(2) 
イ先生は　やさしいですが、キム先生は　やさしく　ありません。

➡ ____。

(3) 
飛行機は　好きじゃ　ありません。

➡ ____。

(4) 
友達と　いっしょに　ご飯を　食べます。

➡ ____。

02 보통체의 문장을 정중체의 문장으로 바꾸어 보자.

(1) 
ここは　昔　病院では　なかった。

➡ ____。

(2) 
カルビは　おいしかったが、高かった。

➡ ____。

(3) 
テレビ・ゲームに　夢中だった。

➡ ____。

(4) ピザを　作って、全部　食べた。

➡ ____。

03 CD의 내용을 받아 쓰고 대답해 보자.　💿 47

(1) ［パイロット］

Q : ____。

A : ____。

(2) ［テレビ・ゲーム］

Q : ____。

A : ____。

(3) ［先生］

Q : ____。

A : ____。

04 CD의 내용을 받아 쓰고 우리말로 옮겨 보자.　💿 48

(1) Q : ____。

A : ____。

(2) Q : ____。

A : ____。

(3) Q : ____。

A : ____。

일본의 주택

1) 「畳み（たたみ）」

한국에 온돌이 있다면, 일본에는 다타미가 있습니다. 우리가 방의 크기를 평수로 말한다면, 일본은 다타미 장수로 말합니다. 다타미의 장점은 단열, 제습, 공기청정효과 등이 있는데요, 습기가 많은 일본의 특징상 다타미는 여전히 일본인들에게 큰 인기를 얻고 있습니다.

2) 「ふすま」

후스마(맹장지문)는 나무와 종이로 만든 문으로, 다타미방을 칸막이하거나 벽장문에 주로 쓰입니다. 표면에 창호지를 바른 다음 그 위에 두꺼운 종이를 바르고 아름다운 무늬나 그림을 그리기 때문에 방을 한결 아름답게 해줍니다.

3) 「縁側（えんがわ）」

현대의 주택에서는 거의 찾아볼 수 없게 되었지만, 정원과 방 사이에 마련된 복도를 엔가와라고 부릅니다. 이곳은 여름의 뜨거운 햇빛이 직접 방에 들어가는 것을 막아주고 겨울에는 추위를 완화시키는 역할을 합니다.

きのう、火星に行った。

弟が7年ぶりに家に戻ってきたことで、生活が一変。笹生陽子
定価390円 4-06-275022-8

クラインの壺 岡嶋二人 定価800円 4-06-275017-1 ヴァーチャル世界を体験するゲーマー二人を襲う恐怖！

ヴァンパイヤー戦争 笠井潔 定価660円 4-06-275018-X 禁断の聖域へ進む九鬼たちを襲う凄まじい事件！

渋谷チルドレン 渋谷に集まる10代の女のコたち。その赤裸々な愛と性。

純情ナースの忘れられない話 現役ナースが打ち明ける、とっておきのエピソード集。桜木もえ 定価470円 4-06-275019-8

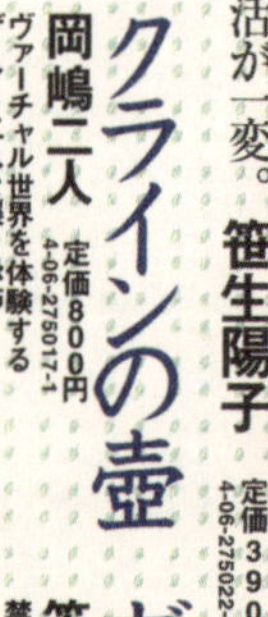

悠久の窓 ロバート・ゴダード 加地美知子＝訳 秘密を共有した瞬間から、一家の悲劇は始まった！ （上）920円 4-06-275021-X （下）940円 4-06-275039-2

モンスター 臨床心理医アレックス ジョナサン・ケラーマン 北澤和彦＝訳 刑事と心理医の名コンビが連続殺人事件の謎に挑む。 定価1,040円 4-06-275020-1

京都東山「哲学の道」殺人 和久峻三 赤かぶの信頼する警察官に白昼・家元殺しの容疑が 定価470円 4-06-275063-6

10

危なかった こと。

위험했던 적.

주요 문법내용

▶ 〔동〕た ことが ある
▶ 〔동〕た ことは ない
▶ ～て／で〈원인·이유〉

うんてん 運転	めんきょ 免許	と 取る	なんねん 何年	めんきょしょう 免許証	みな 皆	じまん 自慢	ごうかく 合格	たなか 田中
むじこ 無事故	あぶ 危ない	じこ 事故	お 起こす	ちゅうしゃ 駐車	いはん 違反	なんかい 何回	しかた 仕方	
いっせんまんだい 一千万台	こ 越える	きんじょ 近所	ときどき 時々	み 見かける	せんそう 戦争			

ミン(민)

A : ミンさんは　運転が　上手ですね。
민(아무개) 씨는　　운전을　　잘 하는군요.

免許を　取って、何年ぐらいですか。
면허를　따고 나서　몇 년 정도 됐어요?

B : 5年ぐらいです。免許証を　もらった
5년 정도 됐어요.　　면허증을　　받았을

時は　うれしくて、みんなに　自慢したんです。
때는　기뻐서　모두에게　자랑했어요.

A : 私も　そうでした。大学に　合格した　時より　うれし
나도　그랬어요.　대학에　합격했을　때보다　기뻤

かったですね。ミンさんは　今まで　無事故ですか。
어요.　민(아무개) 씨는　지금까지　무사고예요?

B : ええ、おかげさまで　何とか……。
네,　덕분에　그럭저럭……

でも、危なかった　ことは　たくさん　ありました。
그렇지만　위험했던　적은　많이　있었어요.

A : 私も　事故を　起こした　ことは　まだ　ありません。
나도　사고를　일으켰던　적은　아직　없어요.

ミン　[인] 민 ◀한국인의 성

* 運転(うんてん)　운전

免許(めんきょ)　면허

* 取る(とる)　[동1] (면허를) 따다, 취하다

何年(なんねん)　몇 년

免許証(めんきょしょう)　면허증

* もらう　[동1] 받다, 얻다

もらった　時は　받았을 때는

* うれしい　[イ형] 기쁘다

* みんな　모두

自慢する(じまんする)　[동3] 자랑하다, 뽐내다

合格(ごうかく)　합격

無事故(むじこ)　무사고

おかげさまで　덕분에 ◀상대에게 특별한 도움을 받은 게 없는 경우에도 관용적으로 사용한다.

何とか(なんとか)　그럭저럭, 겨우

* 危ない(あぶない)　[イ형] 위험하다

こと　적, 일 ◀형식명사라고 한다.

～た　こと　～한 적, ～한 일

危なかった　こと　위험했던 적

* 事故(じこ)　사고

* 起こす(おこす)　[동1] 일으키다

駐車(ちゅうしゃ)　주차

違反(いはん)　위반

* ～回(かい)　～회, ～번 ◀조수사

でも、駐車違反を　した　ことは　何回か　あります。
그러나　　　　주차 위반을　　　　한　　　적은　　　몇 번인가　　　　있어요.

B：駐車違反ですか。
주차 위반이요?

A：ええ。韓国でも　車が　一千万台を　越えて、
네,　　　한국에서도　　자동차가　　천만 대를　　　넘어서,

駐車問題が　大変なんです。
주차 문제가　　　큰일이라니까요.

B：うちの　近所でも　時々、それで
우리　　　동네에서도　때때로　그것 때문에

けんかする　人を　見かけるんですが。
싸우는　　　사람들을　　보거든요.

A：私も　近所の　人と　けんかした　ことが　何回も
나도　　동네　사람과　　싸움을 한　　　적이　몇 번이나

あるんです。
있어요.

B：そうですか。まさに　あちこちで　「駐車戦争」ですね。
그래요?　　　정말　여기저기에서　'주차 전쟁'이로군요.

何回か(なんかいか) 몇 번인가 ◀何番 이라고 하지 않도록 주의한다.	**うちの　近所** 우리집 근처, 우리 동네	**まさに** 실로, 정말로
一千万(いっせんまん) 천만	* **時々**(ときどき) 때때로, 가끔	**あちこち** 여기저기 ◀あっちこっち라고 도 하는데, 우리말과 순서가 반대이므
* **~台**(だい) ~대 ◀기계나 차를 세는 조 수사	**~て/で** ~로, ~해서 ◀원인・이유	로 주의한다.
越える(こえる) [동2] 넘다, 넘기다	**それで** 그래서, 그것 때문에	* **戦争**(せんそう) 전쟁
大変なんです 너무 힘들거든요, 아주 큰 일이라니까요	**けんか** 싸움	**駐車戦争**(ちゅうしゃせんそう) 주차 전쟁 ◀우리말을 번역한 표현으로 실
近所(きんじょ) 근처, 동네	**けんかする** [동3] 싸움하다	제 일본어에 있는 단어는 아니다.
	* **見かける**(みかける) [동2] 보다, 발견 하다, 만나다	
	何回も(なんかいも) 몇 번이나	

01 〔동〕た　ことが　ありますか。　　　　～한 적이 있습니까?　▶경험
　　　— はい、〔동〕た　ことが　あります。　　네, ~한 적이 있습니다.
　　　— いいえ、〔동〕た　ことは　ありません。　아뇨, ~한 적은 없습니다.

● 「～た　ことが　あります」는 '~해 본 적이 있습니다' 라는 뜻으로, 과거의 경험을 나타낸다. 부정은
　「～た　ことは　ありません」이다.

　　事故を　起こした　ことは　まだ　ありません。
　　사고를 낸 적은 아직 없습니다.

　　駐車違反を　した　ことは　何回か　あります。
　　주차 위반을 한 적은 몇 번인가 있습니다.

　　近所の　人と　けんかした　ことが　何回も　あるんです。
　　동네 사람과 싸운 적이 몇 번이나 있습니다.

　　キム社長には　日本で　会った　ことが　あります。
　　김 사장님은 일본에서 만난 적이 있습니다.

02 〔동〕た형 + 명사

● 동사의 보통체 과거형(た형)이 뒤의 명사를 수식할 때, 우리말은 종지형과 모양이 다르지만, 일본
　어는 종지형과 같은 형태이다.

　예　┌ 면허증을 받았다　　　　　┌ 면허증을 받았을 때
　　　└ 免許証を　もらった　　　└ 免許証を　もらった　時

　　免許証を　もらった　時は　みんなに　自慢したんです。
　　면허증을 받았을 때는 모두에게 자랑했어요.

　　事故を　起こした　人は　パクさんです。
　　사고를 낸 사람은 박(아무개) 씨예요.

先月まで　**住んで　いた**　アパートから　引っ越しました。

지난 달까지 살았던 아파트에서 이사했어요.

03 〜て(で) ～로, ～해서 ▶원인 · 이유

- 「〜て(で)」는 원인이나 이유를 나타내며, '~로, ~해서' 라고 해석한다.

- 동사와 イ형용사는 「〜て」가, 명사와 ナ형용사는 「〜で」가 연결된다.

車が　増えて、駐車が　大変です。

차가 늘어나서 주차하기 힘들어요.

駐車問題で　けんかする　人を　見かけるんです。

주차 문제로 싸우는 사람들을 만나거든요.

うれしくて、みんなに　自慢したんです。

기뻐서 모두에게 자랑했어요.

風邪を　引いて、学校を　休みました。

감기에 걸려서, 학교를 쉬었어요.

　　＝ 風邪で、学校を　休みました。

　　　감기로, 학교를 쉬었어요.

01 다음 동사를 「た형」으로 말해 보자.

(1) 決める → ___________________ (2) する → ___________________

(3) 会う → ___________________ (4) 行く → ___________________

(5) 見る → ___________________ (6) 休む → ___________________

(7) 話す → ___________________ (8) 飲む → ___________________

02 보기와 같이 말해 보자.

> 보기 ▶▶ 日本へ　行きました。
> ➡ 日本へ　行った　ことが　あります。
> ➡ 日本へ　行った　ことは　ありません。

(1)  会社を　休みました。

➡ ____。

➡ ____。

(2) 刺し身を　食べました。

➡ ____。

➡ ____。

(3) けんかしました。

➡ ____。

➡ ____。

03 [   ]의 말을 적당하게 고쳐 문장을 완성해 보자.

(1)
_______________、 学校を　休みました。［風邪］

(2)
_______________、 みんなに　自慢しました。［うれしい］

(3)
キムさんは　_______________、 男の　人に　人気が　あります。
［きれいだ］

(4)
車が_______________、 駐車問題が　大変だ。［増える］

04 CDの　内용을 받아 쓰고 대답해 보자.　🖸 51

(1) ［10年］

Q : ____。

A : ____。

(2) ［はい］

Q : ____。

A : ____。

(3) ［いいえ、一度も］

Q : ____。

A : ____。

몸의 여러 부분들이 들어가 있는 관용구를 몇 가지 알아보죠. 우선 가장 위, 머리부터 시작해 봅시다.

인체 관용구 (1)

---

01 頭 머리

頭が 堅い	머리가 딱딱하다(고지식하다, 완고하다).
頭が 柔らかい	머리가 부드럽다(사고가 유연하다, 융통성이 있다).
頭が 上がらない	머리가 올라가지 않다(고개가 숙여지다, 머리를 들지 못하다).

---

02 目 눈

目が ない	눈이 없다(너무 좋아해서 분별을 잃다, 정신 못 차리다).
目が 回る	눈이 돌다(① 눈이 핑핑 돌 만큼 바쁘다, ② 현기증나다).
目が くらむ	눈이 어두워지다(눈이 뒤집히다).
目と 鼻の 先	눈과 코 끝 사이(아주 가까운 곳, 엎드리면 코 닿을 데).

---

03 耳 귀

耳が 遠い	귀가 멀다, 귀를 먹다.
耳が 痛い	귀가 아프다, 귀가 따갑다.
耳に たこが できる	귀에 굳은살이 생기다.

---

04 鼻 코

鼻で あしらう	콧등으로 상대하다(코방귀를 뀌다, 무시하다).
鼻に かける	코에 걸다(자랑하다).

05　口 _{くち} 입

口が	うまい	입이 능숙하다(말을 잘 하다, 언변이 좋다).
口が	堅い _{かた}	입이 단단하다.
		입이 무겁다(남의 말을 하지 않는다).
口が	軽い _{かる}	입이 가볍다(말을 잘 옮기다).
口が	悪い _{わる}	입이 나쁘다, 입이 못되다.
		입이 거칠다(비꼬기를 잘 하다).
口が	滑る _{すべ}	입이 미끄러지다(입을 잘못 놀리다).
口は	禍の もと _{わざわい}	입은 화의 근원이다.

06　顔 _{かお} 얼굴

顔が	売れる _う	얼굴이 팔리다.
顔が	広い _{ひろ}	얼굴이 넓다(발이 넓다).
顔を	立てる _た	얼굴을 세우다, 체면을 세우다.
顔を	つぶす	얼굴을 뭉개다, 체면을 손상시키다.

07　首 _{くび} 목

首を	長く する _{なが}	목을 길게 빼고 기다리다.
首を	切る _き	목을 자르다, 해고하다.

일본의 술

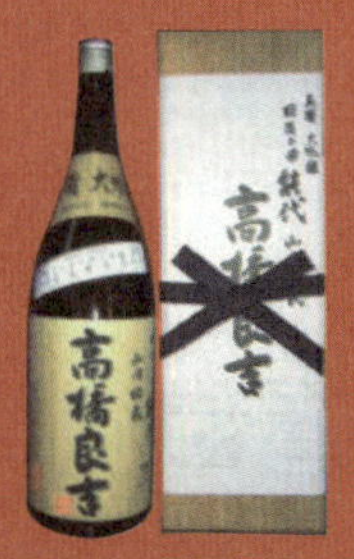

1) 정종(日本酒)

정종은 일본인들이 가장 많이 마시는 술 중에 하나입니다. 이 술은 종류가 매우 다양하고, 미묘한 온도차에 의해 맛이나 향이 변합니다. 요즘은 여름에 차게 해서 마시는 것이 사랑받고 있답니다.

2) 소주(焼酎)

일본의 소주는 종류가 매우 다양하여, 그 종류에 따라 비싼 것이 있고 싼 것도 있습니다. 우리나라처럼 스트레이트로 마시는 법은 거의 없고, 주로 얼음이나 우롱차에 섞어서 마십니다.

3) 맥주(ビール)

맥주는 일본 사람들에게 가장 사랑받는 술입니다. 보통 여름에 많은 인기를 얻었으나, 요즘에는 여름뿐만 아니라, 1년 내내 인기를 독차지하고 있습니다. 현재 국산 맥주만 30여종 이상이고, 수입 맥주까지 포함시키면 50여종 이상의 맥주가 팔리고 있답니다.

一戸建て 단독주택

マンション 맨션

アパート 아파트(연립주택)

ビル 빌딩

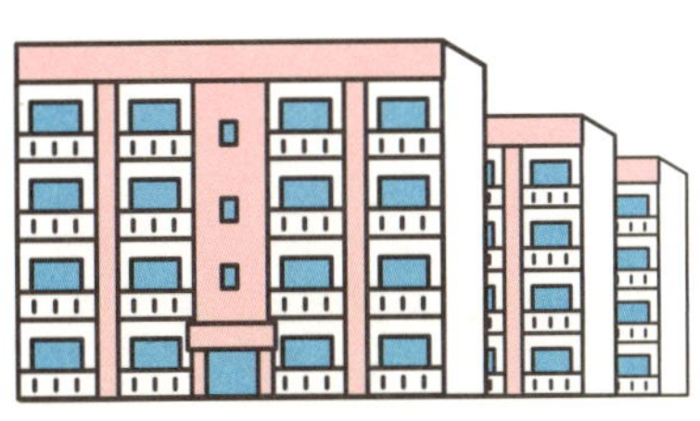

団地 단지

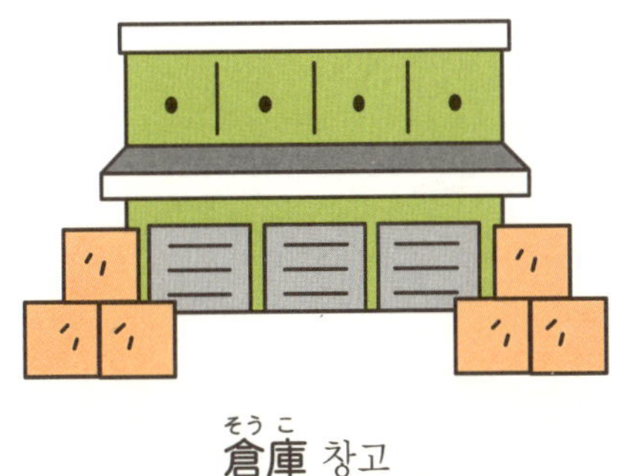

倉庫 창고

会社と職業

ドア 문

自動販売機 자동판매기

ソファー 소파

ホワイトボード 화이트보드

マーカーペン 마카펜

電話 전화

モニター 모니터

コンピュータ 컴퓨터

キーボード 키보드

<ruby>先生<rt>せんせい</rt></ruby> 선생님

<ruby>学生<rt>がくせい</rt></ruby> 학생

<ruby>会社員<rt>かいしゃいん</rt></ruby> 회사원

<ruby>警察官<rt>けいさつかん</rt></ruby> 경찰관

<ruby>消防士<rt>しょうぼうし</rt></ruby> 소방수

<ruby>弁護士<rt>べんごし</rt></ruby> 변호사

<ruby>医者<rt>いしゃ</rt></ruby> 의사

<ruby>看護婦<rt>かんごふ</rt></ruby> 간호사

スチュワーデス 스튜어디스

<ruby>画家<rt>がか</rt></ruby> 화가

<ruby>作家<rt>さっか</rt></ruby> 작가

<ruby>芸能人<rt>げいのうじん</rt></ruby> 연예인

01 <<

1. (1) 4時に　します。　　　　　　　　　(2) チェジュドに　します。
　　(3) 月曜日の　朝に　します。

2. (1) 旅行に　行きます。　　　　　　　　(2) ピザを　食べに　行きます。
　　(3) 友達に　会いに　行きます。

3. (1) 韓国語を　勉強しに　韓国に(へ)　来ました。
　　(2) さとうさん、コーヒーを　飲みに　行きませんか。
　　(3) あした、日本へ　旅行に　行く　予定です。

4. (1) Q：やまださんは　何に　しますか。
　　　　A：私は　ソルロンタンに　します。
　　(2) Q：どこが　いいですか。
　　　　A：近くの　店が　いいです。
　　(3) Q：チェジュドへ　遊びに　行きませんか。
　　　　A：ええ、遊びに　行きましょう。

02 <<

1. (1) 刺し身は　どうでしたか。　　　　－　新鮮でした。
　　(2) コントロールは　どうでしたか。　　－　よかったです。
　　(3) 交通は　どうでしたか。　　　　　　－　便利でした。

2. (1) 高く　ありません。
　　(2) おいしく　ありませんでした。
　　(3) 新鮮じゃ　ありません。

3. (1) Q：ドラゴンズは　勝ちましたか。
　　　　A：いいえ、負けました。
　　(2) Q：コントロールは　よかったですか。
　　　　A：いいえ、(あまり)　よく　ありませんでした。
　　(3) Q：料理の　中では　何が　いちばん　おいしかったですか。
　　　　A：てんぷらが　いちばん　おいしかったです。

03 <<

1. (1) きむらさんは　何が　ほしいですか。　－　新しい　コンピュータが　ほしいです。
　　(2) きむらさんは　何が　ほしいですか。　－　仕事が　ほしいです。

(3) きむらさんは　何が　ほしいですか。　－　化粧品が　ほしいです。

2. (1) 日本へ　行きたいです。
　　(2) さとうさんに　会いたいです。
　　(3) 世界旅行が　したいです。

3. (1) 交通が　便利に　なりました。
　　(2) お金を　大事に　します。

4. (1) Q：今、何が　いちばん　ほしいですか。
　　　A：お金が　いちばん　ほしいです。
　　(2) Q：その　お金で　何が　したいですか。
　　　A：世界旅行が　したいです。
　　(3) Q：いちばん　行きたい　ところは　どこですか。
　　　A：アメリカです（또는 アメリカへ　行きたいです）。

04 <<

1. (1) して　　　　(2) およいで　　(3) はなして　　(4) 見て　　　(5) 食べて
　　(6) 言って　　　(7) 行って　　(8) 乗って　　(9) よんで　　(10) まって

2. (1) 地下鉄に　乗って　ください。
　　(2) 4時に　来て　ください。
　　(3) タクシーを　拾って　ください。
　　(4) ビールを　飲んで　ください。

3. (1) Q：きのうは　何を　しましたか。
　　　A：テレビを　見て　寝ました。
　　(2) Q：インサドンへは　どう　行きますか。
　　　A：地下鉄に　乗って　チョンノ3街駅で　降りて　ください。
　　(3) Q：インサドンへ　行って、何を　しましたか。
　　　A：かびんを　買って　帰りました。

05 <<

1. (1) 椅子に　座って　います。／　椅子に　座って　いる　人は　だれですか。
　　(2) 新聞を　読んで　います。／　新聞を　読んで　いる　人は　だれですか。
　　(3) お酒を　飲んで　います。／　お酒を　飲んで　いる　人は　だれですか。

2. (1) テレビを　見ながら、ご飯を　食べて　います。

 (2) MP3を　聞きながら、ジョギングを　して　います。
 (3) お酒を　飲みながら、歌を　歌って　います。

3. (1) Q：イさんは　お酒が　嫌いですか。
   A：ええ、嫌いです(또는 大嫌いです)。
 (2) Q：あの　男の　人を　知って　いますか。
   A：いいえ、知りません。
 (3) Q：イさんは　いま　どこですか。
   A：ロビーで　たばこを　吸って　います。

06 <<

1. (1) お昼は　もう　食べましたか。　　－　いいえ、まだ　食べて　いません。
 (2) 掃除は　もう　しましたか。　　　　－　いいえ、まだ　して　いません。
 (3) きむらさんは　もう　来ましたか。－　いいえ、まだ　来て　いません。

2. (1) キムさんは　恋人を　ほしがって　います。
 (2) キムさんは　仕事を　ほしがって　います。
 (3) キムさんは　お金を　ほしがって　います。

3. (1) Q：キムさんは　何が　上手ですか。
   A：キムさんは　絵が　上手です。
 (2) Q：何を　読んで　いるんですか。
   A：友達からの　招待状を　読んで　います。
 (3) Q：イさんは　どこに　住んで　いますか。
   A：イさんは　アパートに　住んで　います。

07 <<

1. (1) 大きさ   (2) 長さ   (3) 高さ   (4) 深さ

2. (1) はい、今　家に　いると　思います。
 (2) はい、寒いと　思います。
 (3) はい、便利だと　思います。

3. (1) これ、きむらさんの　かばんでしょう。
 (2) きむらさんの　かばんかも　しれません。

4. (1) Q：三日間は　寒くて　四日間は　寒く　ありません。それを　何と　言いますか。
   A：三寒四温と　言います。

(2) Q：はる、なつ、あき、ふゆを　漢字語では　何と　言いますか。
　　A：春夏秋冬と　言います。

08 <<

1.　(1) 暗く　なりました。　　　　　　(2) きれいに　なりました。
　　(3) 大きく　なりました。　　　　　(4) 上手に　なりました。
　　(5) 難しく　なりました。　　　　　(6) 静かに　なりました。

2.　(1) 見ない　　　(2) しない　　　(3) 行かない　　　(4) およがない　　　(5) 食べない
　　(6) 言わない　　(7) 話さない　　(8) 来ない　　　(9) いない　　　(10) ない

3.　(1) お菓子を　食べても　いいですか。　－　いいえ、お菓子を　食べては　いけません。
　　　　　　　　　　　　　　　　　　　　　　－　いいえ、お菓子は　食べないで　ください。
　　(2) 日本語で　話しても　いいですか。　－　いいえ、日本語で　話しては　いけません。
　　　　　　　　　　　　　　　　　　　　　－　いいえ、日本語で　話さないで　ください。
　　(3) 一人で　行っても　いいですか。　－　いいえ、一人で　行っては　いけません。
　　　　　　　　　　　　　　　　　　　　－　いいえ、一人で　行かないで　ください。

4.　(1) Q：ここで　写真を　撮っても　いいですか。
　　　　A：いいえ、写真を　撮っては　いけません（또는 写真は　撮らないで　ください）。
　　(2) Q：小さく　書いても　いいですか。
　　　　A：いいえ、大きく　書いて　ください。
　　(3) Q：これに　触っては　いけませんか。
　　　　A：はい、触らないで　ください。

09 <<

1.　(1) これは　日本語の　雑誌だ。
　　(2) イ先生は　やさしいが、キム先生は　やさしく　ない。
　　(3) 飛行機は　好きじゃ　ない。
　　(4) 友達と　いっしょに　ご飯を　食べる。

2.　(1) ここは　昔　病院では　ありませんでした。
　　(2) カルビは　おいしかったですが、高かったです。
　　(3) テレビ・ゲームに　夢中でした。
　　(4) ピザを　作って、全部　食べました。

3.　(1) Q：小学生の　時、ぼくの　夢は　何でしたか。
　　　　A：パイロットでした。

(2) Q : 中学生の　時、何に　夢中でしたか。

A : テレビ・ゲームに　夢中でした。

(3) Q : ぼくは　何に　なりたいと　思って　いましたか。

A : 先生に　たりたいと　思って　いました。

4. (1) Q : 小学生の　時、ぼくの　夢は　パイロットだった。

A : 초등학생 때 내 꿈은 파일럿이었다.

(2) Q : ぼくは　飛行機に　乗って　空を　自由に　飛んで　みたかった。

A : 나는 비행기를 타고 하늘을 자유롭게 날아 보고 싶었다.

(3) Q : 高校生に　なり、ぼくは　将来に　不安を　感じた。

A : 고등학생이 되어, 나는 장래에 불안을 느꼈다.

10 <<

1. (1) 決めた　　　(2) した　　　(3) 会った　　　(4) 行った

(5) 見た　　　(6) 休んだ　　　(7) 話した　　　(8) 飲んだ

2. (1) 会社を　休んだ　ことが　あります。　／会社を　休んだ　ことは　ありません。

(2) 刺し身を　食べた　ことが　あります。／刺し身を　食べた　ことは　ありません。

(3) けんかした　ことが　あります。／けんかした　ことは　ありません。

3. (1) 風邪で　　　(2) うれしくて　　　(3) きれいで　　　(4) 増えて

4. (1) Q : 免許を　取って　何年ぐらいですか。

A : 10年ぐらいです。

(2) Q : 日本映画を　見た　ことが　ありますか。

A : はい、見た　ことが　あります。

(3) Q : 駐車問題で　けんかした　ことが　ありますか。

A : いいえ、一度も　ありません。

집필진

by_ Study Tech Institite

본 교재는 (주)시사일본어사가 현장에서 10년간 직접 사용한 책을 개정한 것입니다.

三木寿々恵 日本女子大学 졸업

岸本健治 日本 早稲田大学 졸업

정해란 성신여자대학교 대학원 일어일문학과 졸업

송미혜 日本 東京外国語大学 日本語学科 졸업

주말 황금연휴 일본어
혼자서 끝내기 ②

초판인쇄_ 2006년 12월 1일
초판발행_ 2006년 12월 6일

서사_ 일본어공부기술연구소
펴낸이_ 엄태상
펴낸곳_ LanguagePLUS
책임편집_ 최춘성 · 이주영 · 윤지희
표지 디자인_ 신영미
등록일자_ 2000년 8월 17일
등록번호_ 제 1- 2718호
주소_ 서울 강남구 역삼동 826- 28
전화_ 1588 - 1582 팩스_ (02) 3671 - 0500
홈페이지_ http://www.langpl.com
이메일_ tltk@chol.com

＊이 교재의 내용을 사전 허가없이 전재하거나 복제할 경우
법적인 제재를 받게 됨을 알려 드립니다.
＊잘못된 책은 구입하신 서점이나 본사에서 교환해 드립니다.
＊정가는 표지에 표시되어 있습니다.

ISBN 89-5518-512-X 18730
(set) 89-5518-510-3 18730

LanguagePLUS 는 (주)시사일본어사의 자회사입니다

일본어 시험에 꼭 꼭
나오는 필요한
절대필수단어

일본어 시험에 꼭 나오는 단어만 모았다!!!

일본어 시작할 때부터 들고 다니세요!

'인사', '아기', '라디오' 같은 기본 단어를 품사별로 나누어 히라가나 순서대로 실었습니다.
단어마다 예문이 있어 쉽게 외울 수 있습니다.

시험에 나오지 않는 단어가 하나도 없어요!

JPT, 능시3급, 능시4급, 수능에 나오는 단어를 하나하나 표시했으며,
시험에 나오지 않는 단어가 없을 정도로 엑기스 단어만 들어있습니다.

저절로 외워지는 특별한 방식의 무료 mp3

일본어 먼저 나오고 뜻 나오는 방식이 아니라 한국어 먼저 나오고 생각할 시간을 드린 후
일본어가 나오므로 학습자가 이 단어를 아는지 모르는지 쉽게 테스트할 수 있습니다.

최윤석·여태엽 편저 / 8,800원